JN289670

どんな学級にも使えるエンカウンター20選

中学校

國分康孝・國分久子 監修
明里康弘 著

図書文化

監修者の言葉　「学校で行うエンカウンター」の道標

　周知のように，いまの日本では，全国の教育委員会が教員研修に構成的グループエンカウンター（SGE：Structured Group Encounter）を取り入れている。地域の全学校に，SGE志向のプログラムを導入している自治体もある。

　さて，これほどまでにSGEが広がってくると，必ずSGEへの批判が出てくるはずである。曰く「SGEに子どもが反発して使えない」「SGEのためにかえってわるくなった」と。すなわち，カウンセリングでいう抵抗への対応に苦慮する教員の訴えである。

　これに対する回答が本書である。著者の明里康弘は指導主事のころから，私どもの主催するSGEにメンバーとして，リーダーとして，またスーパーバイジーとして，何回も参加した。そしてSGE公認リーダーの資格（NPO日本教育カウンセラー協会）の取得者でもある。

　本書は読ませる本である。なぜなら，それは子どものSGEへの抵抗という喫緊のトピックを扱っているからである。もう一つは，明里のパーソナリティーが現場教師のモデルになるからである。すなわち明里はSGEリーダーに不可欠な自己開示能力のほかに，コンフロンテーションの能力（覇気・気力・凛とした態度）がある。昨今の教育者は児童中心主義思想に偏向し，リーダーシップの発揮に乏しい人が少なくない。

　本書が読ませる本であるもう一つの要因，それは明里の文章力にある。彼の文章はヨコ文字をタテに直した文章ではなく，読者の心に響く文章である。それは，(1)体験を概念化し，(2)例や自己開示で状況をビジュアライズし，(3)結論から先に述べているからである。これもまたSGEリーダーに模倣してほしい文章作法である。

　結語。「エンカウンターで学級が変わるシリーズ」に続く，次の学校SGEの道標になる本である。

監修者　國分　康孝
國分　久子

まえがき　子どもも担任も学級が好きになる学級経営をめざして

　この本のねらいは，こまった学級を立て直すための学級経営応援の本である。構成的グループエンカウンターやエクササイズを紹介することが目的ではない。担任が，「学級が変な感じがする？　なんとかしなければ……」と思ったときに読んでほしい本である。生徒たちが「この学級は楽しい！」と思えるようになる方法として，構成的グループエンカウンターの手法や，どんな学級にもできるエクササイズを紹介した。エンカウンターの発想を生かすことで学級を再構築していく。つまり，子どもも担任も学級が好きになることをめざした本である。

　数年前の４月，中学２年生の学級編成を発表したとき。私の学級の大半の生徒が「この学級はきらいだ！」と言った。１年生のときのいやな人間関係が，そのまま新２年生の学級に持ち込まれていた。多くの生徒が他の学級へ遊びに行き，朝の学活，授業の始め，給食などのたびに，私は教室にもどるよう呼びに行かなくてはならなかった。このような学級だからこそ，グループエンカウンターのエクササイズをやろうとしたが，ことごとくできなかった。『エンカウンターで学級が変わる』『エンカウンターで学級づくりスタートダッシュ！』などの本に書いてあるようにはいかなかった。

　よく聞く話がある。年度の後半になって，学級の雰囲気や人間関係がよくないので，グループエンカウンターを実施したところ，級友を傷つけることを言い，ますます学級は乱れ，人間関係はぐちゃぐちゃになって，不登校まで出るようになったという。

　学級再生の方法はいろいろあるが，グループエンカウンターは効果的である。理由は，やって楽しく，子どもも教師も『人間的に成長する』からである。

　幸いにも，構成的グループエンカウンターの祖であり私の師である，國分康孝先生・國分久子先生に監修を引き受けていただいた。元祖のエンカウンターを十分に生かしながら，著者のアイデアを少し加えて，学級経営にこまっている先生方の役に立つ内容を本書で提案したい。ポイントは，目の前にいる子どもの実態に合わせた方法で『構成的グループエンカウンター』を実施することである。学級の実態に合わせて『構成』することである。担任の力量に合わせたエンカウンターを実施することである。その構成の仕方がこの本である。

著者　明里　康弘

どんな学級にも使えるエンカウンター20選　中学校

序章　こまった学級のむずかしさ ……………………………………… 9
- 第1節　こまった学級とは―10
- 第2節　要チェック！　失敗しやすい考え方―12

第1章　エンカウンターで学級を立て直すには ……………………… 17
- 第1節　「こまった学級」でなぜエンカウンターなのか―18
- 第2節　教師に必要なリーダーシップ―22
- 第3節　よい人間関係づくりの勘所―24
- 第4節　4月から「こまった学級」のときに―26

第2章　エンカウンターはこうするとうまくいく ………………… 27
- 第1節　スタートが成否を決める―28
- 第2節　安心で楽しいエクササイズから―30
- 第3節　短時間で繰り返す―31
- 第4節　リーダーが細かく仕切る―32
- 第5節　ワークシートを活用する―34
- 第6節　リズミカルに進める―35
- 第7節　抵抗に抵抗しない―36

第3章　カギはグループづくりとシェアリング ……………………… 39
- 第1節　「こまった学級」のためのグループづくり―40
- 第2節　グループづくりへの抵抗をさらりと流す―44
- 第3節　グループづくりのエクササイズ―46
  - ①猛獣狩りに行こう　②フルーツバスケット
  - ③ナンバーコール　④バースデーライン　⑤木とリス
- 第4節　なぜシェアリングが大切なのか―51
- 第5節　シェアリングの仕方―53
  - 振り返り用紙―54

目次

第4章 どんな学級にも使えるエクササイズ20選 …………… 55

《第1群》どのリーダーがやってもまず失敗しない，生徒もほとんど満足する

よいところ探し 56
「友達のよいといころを見つけて教えてあげよう！」「体育祭」「帰りの学活」「保護者向け」「学年末版」

自己を語ろう 62
「自己紹介しよう」

《第2群》ほとんど失敗しない。生徒が楽しさを感じる

もしなれるなら，何になりたい？ 64

私のしたいこと Best5 66

私はわたし 68
「私はわたし」「夏休み版」「夏休みの思い出を語ろう」

《第3群》失敗が少ない。体を動かしたり協力を必要とする。協力がしやすい

3つのお願い 72

私シリーズ 74
「私の考え・思い・感情を表現する」「わたしのほしいもの⁉」「好き，すき，スキ！ ゲーム」
「私の好きな人」「地理：知っている国，行ってみたい国，住んでみたい国はどこ？」

広告パズル 80

新聞紙タワー 82

まほうのゆび 84

すごろくトーク 86

新聞紙の使い道 88

コラージュ 90

《第4群》他のエクササイズの実施後にやると効果的。グループづくりに少し配慮を

ビンゴ 92
「ザ・ビンゴ」「知ってるつもり⁉」「□□□先生のビンゴゲーム」「私はだれでしょうビンゴ」

私もなかなかできるじゃん！ 96

私の心とご対面 98

《第5群》グループづくりに配慮をするとできる。こまった学級の心を育てるために効果的

ありがとうシリーズ 100
「たくさんのありがとうをありがとう」「私の心をあたたかくしてくれた言葉」「部活動ごくろうさま会」

感情をグラフで表そう 104

私のプレゼント 106

《第6群》「こまった学級」でも，コツコツと積み上げていけばここまでできる

私は私が好きです。なぜならば… 108

第5章 エンカウンターを日常の学級経営にとかし込む……………111

第1節　エンカウンターが学級経営にもたらす効果—112
第2節　掲示方式エンカウンター—115
第3節　エンカウンターを生かした暴言への対応—122
第4節　学級全体のまとまりを形にして見せる—124
第5節　個別面接でエクササイズをやる—127
第6節　シェアリングを授業に生かす—128

『どんな学級にも使えるエンカウンター20選』の読み方

「学級がどうもおかしい。何か手を打ちたい」
↓

序章　こまった学級のむずかしさ
- 小グループに分かれている
- ボスが仕切っている
- 不登校傾向が表れる

↓

第1章　エンカウンターで学級を立て直すには
- ふれあいのある人間関係づくり
- 他者とかかわると人間的成長が促される

↓

- **第2章　エンカウンターはこうするとうまくいく**
- **第3章　カギはグループづくりとシェアリング**
- **第4章　どんな学級にも使えるエクササイズ20選**

↓

第5章　エンカウンターを日常の学級経営にとかし込む

エクササイズと同時並行で行う

序章
こまった学級の
むずかしさ

　本書は，学級担任がやりにくさを感じる「こまった学級」にも使えるものである。それは，どこにでもあり，教師がエンカウンターの必要を感じ，しかし失敗しやすい学級である。そんな「こまった学級」の特徴とむずかしさを，まずここで押さえておきたい。

1　こまった学級とは —— 10
2　要チェック！　失敗しやすい考え方 —— 12

第1節 こまった学級とは

「こまった学級」とは，全体の雰囲気が悪い学級である。不登校の生徒がいる，AD/HDの生徒がいる，など個々の生徒の問題ではない。本書は，以下のような特徴のある学級をターゲットにしている。

特徴1　人間関係がせまい

こまった学級の第1の特徴は，生徒たちが2～3人の小グループに固まっていることである。生徒たちは常に仲よしグループで固まって行動することに満足している。

しかし，それは，せまい世界に閉じこもり，不安を解消しているに過ぎない。その証拠に，グループ以外の生徒とはほとんど交流しようとしない。もし2～3人のグループから抜け出そうものなら，大変なことになる。ほかのグループもがっちり少人数で固まっているから，たちまち孤立してしまうのだ。

学級内の小グループ化が進むと，次のような行動が特徴として見られるようになる。

(1) 手紙回し

休憩時間にせっせと手紙を書いては，こっそり手渡す女子生徒たち。だんだんと授業時間に堂々と渡すようになる。小さくてきれいな便せんを使い，非常に凝った折り方をしている。よく見ると，ほかのグループと違う折り方である。これをグループで1日に10枚くらい渡すこともある。これは「私とあなたはつながっているよ」というサインである。手紙を書き，そしてもらうことが，グループの団結になり，つながっていることを意味し，安心となる。こうして小グループを続けるには，日々，団結を強めていなくてはならない。

そのうち徐々に，ほかのグループやそのメンバーを悪く言ったり攻撃することで，結束を強くしたり確認したりするようになる。そうなると，このグループは他者の悪口を頻繁に言うグループとなっていく。その悪口をほかのグループが聞くと，グルー

プ間の対立はますます強くなる。

(2) 学級全体で動かない

　学級担任が「楽しい雰囲気をつくろう」と思って，フルーツバスケットをやっても，動かない生徒たち。例えば，イスに座れずに真ん中に立つことになった生徒にとって，周りにいるクラスの大多数は仲よしグループではない人たちである。そこで，不安のあまり，自分の親しい人だけが確実に動くようなお題を考える。また，周りの人をよく知らないので，みんなが立ち上がるような共通点を見つけにくい。結果として無難なお題を言って，また少人数の同じ人だけが動くことになる。その繰り返しが続く。

　小グループ化しているクラスでは，フルーツバスケットをやっても，面白くないゲームとなり，結局しらけてしまい，やる気がなくなってしまう。

特徴2　ルールがない

　こまった学級の第2の特徴は，強い者の身勝手がまかりとおるようになっていることである。学級の公平なルールがなくなっている状態だ。

　学級のルールがなくなると，自分を守るために味方をつくろうとするので，小グループができやすい。そして，あいさつや係の仕事など，当たり前のことが行われなくなる。しだいに，善悪の判断が通用しない学級になり，一人一人が自分だけの損得で動くようになる。給食も平等に配布されなくなり，たくさん食べる生徒と，あまり食べられない生徒に分かれていく。そのうち，生徒たちは，自分たちにとって面白いか面白くないかだけで物事を判断して動くようになる。人をけなしたり，バカにする言葉遣いが多くなり，いじめが発生しやすい学級になる。

特徴3　居場所のない生徒が多い

　ついには，学級をいやになる生徒が多くなり，学級（集団）不適応の生徒が出てくる。これが第3の特徴である。その結果，遅刻が増えたり，ある授業を休んだりするようになる。そして，徐々に不登校の生徒が現れるようになっていく。

　以上のような学級に見覚えはないだろうか。少なくない学級から同じようなむずかしさが報告されている。本書では，このような学級を担任する教師に，構成的グループエンカウンターで学級集団づくりを進めていく方法を紹介する。

※学級集団が荒れていくプロセスや原理は河村茂雄の研究や書籍が詳しい。『Q-U入門』『学級崩壊　予防回復マニュアル』（図書文化）など。

序章　こまった学級のむずかしさ

第2節　要チェック！失敗しやすい考え方

　「こまった学級」対策の前に，担任自身の考え方を振り返っておきたい。構成的グループエンカウンター（以下エンカウンター）の効果を実感できなくする要因の1つに教師の思い込みがある。以下を読み，もし思い当たるものがあれば，エンカウンターのとらえ方を見直す必要がある。

思い込み1　「エンカウンターをやれば学級が変わる」

　「エンカウンターをやったら，みんな『楽しかった』『よかった』と言って，学級がよくなった」という話を聞く。しかし，エンカウンターはマジックではないし，万能ではない。エクササイズを2～3回やっただけでどんどん変わるのは，恵まれた，まれな学級と考えるべきである。

　本音を語り合うのがエンカウンターだが，学級の実態も考えずに，本音の深い部分を述べさせるエクササイズや，思い切った自己主張をさせるエクササイズを実施してしまうと，生徒が心的外傷を受け，学級の人間関係を悪化させることさえある。

　年間を通して，自己開示の浅いエクササイズから深いエクササイズへ徐々に進めてこそ，学級が変わるのである。

思い込み2　「エクササイズをやると，生徒は教師の言うとおりに動くものだ」

　教師は職業がら，「生徒はいつも教師の言うとおりに動くものだ」と思いがちだ。そのうえ「エンカウンターは，子どもたちが自然と指示に従って動くようにできている」と思っている人もいる。しかし，「エンカウンターをするから，みんなの前で心を開きなさい」と言われても，生徒たちは，「笑われない」「傷つかない」という保障がないと，心を開こうとはしない。人はだれも傷つきたくないからだ。エンカウンターは，いわば心を扱った授業であり，教科の授業と同じにはできない部分がある。

本音のふれあいを促すエンカウンターでは，生徒たちが多様な感情を語り，マニュアルどおりにいかないから面白いのである。

思い込み3　「全員が『よかった。楽しかった』と言わないエンカウンターは失敗だ」

①全員が「よかった」「楽しかった」と言うことを望み，「つまらなかった」と言う生徒がいれば，「今日のエンカウンターは失敗だ」と決め込んでしまう
②「みんな楽しいと喜んでいるのだから，つまらないはずはない」「つまらないと言うこの子はおかしい」と決め込んでしまう

40人の生徒がいれば，いろいろな感じ方をするはずだ。その感じ方を素直に認めてあげるのがエンカウンターである。どんな反応が返ってきても，まずは一人一人の感情を認めるところから始めていきたい。

思い込み4　「面白おかしいのがエンカウンターだ」

「だじゃれを言ったり，ギャグを言ったり，とにかく面白いのがエンカウンターだ」「お笑い芸人を見ているかのように，何か笑っているのがエンカウンターだ」「面白くないと失敗だ」。そう思っている人がいる。

ある先生が，「私はわたし」（68頁参照）のエクササイズをしたときのこと。「私は男である」「私は野球部である」としか書かない生徒がいた。その先生は，「失敗だった。面白くもなんともない」と私に言った。

しかし考えてほしい。この生徒は，自分の本音を表現することに抵抗があって，そこまでしか書けなかったのではないだろうか。私は担任の先生に，エンカウンターをねばり強く繰り返すようにアドバイスした。すると実際，その生徒は，友達の発表を聞いて，次回から少しずつ自分の考えを書くことができるようになっていった。

私たちは，いろいろな感情をもっている。折りにふれて，いろいろな感情が吹き出してくる。だから，生徒たちがいろいろな感情を出せたのなら，それでよいのである。しんみり考え込んだり，感情があふれて泣いたりしたら，失敗だ，ということはない。成功である。

思い込み5　「このエクササイズが生徒にウケそうだからやってみよう」

「こまった学級」ではとくに，学級の状態をていねいに把握して，生徒の実態に合

わせたエクササイズを選び，進め方も工夫をする必要がある。

　まじめな教師は学級経営にこまっているときほど，ためになるエクササイズや，教えたいこと・気づかせたいことをテーマにしたエクササイズを選ぼうとする。しかし，そうではなく，学級の実態に合ったねらいを明確にしていくことが必要である。

　エクササイズ選びは，教師の思いや願いだけで手を打とうとしてもうまくいかない。何よりも，教師が楽しいのではなく，生徒が楽しい，また，できそうな，エクササイズを選ぶのが基本である。

思い込み6　「自分が体験してよかったから，生徒もよいと感じるはずだ」

　教師自身がエンカウンターを体験したり，学級で実際に行うときは，同僚にやってみたり，少なくとも自分自身でシミュレーションしてみることは，とても重要である。

　しかし，教師が体験したエクササイズを生徒も望んでいるとは限らない。ここを冷静に判断する必要がある。

　教師が自分で体験してよかったと思いやすいエクササイズに次のようなものがある。
　肩たたき，トラストウォーク（目かくし歩き），トラストフォール（信頼の壁）
　みじめな体験　など

　上述したエクササイズは，1日または，1泊2日の体験コースの後半に出てきたエクササイズのはずである。つまり，かなり人間関係（リレーション）ができてから行ったはずである。これらをいきなり学級で行ったらどうなるだろうか。

　私は50歳を過ぎているが肩が凝らないため，「肩たたき」をされてもあまり気持ちいいとは感じない。中学生はどうだろうか？　異性同士の場合はどうだろうか？

　「トラストウォーク」（自分は目かくしをして歩き，目の見えているパートナーに案内をしてもらうエクササイズ）は，どれだけ自分が相手を信頼して身を委ねることができるかを体験するエクササイズである。私はいまのところ，信用のおける部活動の仲間同士でしかトラストウォークはできていない。それでも心的外傷やけがのないように，最大の配慮をして実施している。

　「みじめな体験」（自分がこれまでに経験したみじめな体験や情けない体験を語り合うエクササイズ）も，リレーションがかなり深まった学級が，宿泊体験のときなどに行うのならとても有効な場合がある。

　これらのエクササイズは，「面白さ」をねらったものではない。教師が宿泊合宿で

体験してとてもよかっただけで,生徒にもぜひ体験させたいというのは,かなり危険である。学級のリレーションの状態をていねいに把握して,「こまった学級」でできるエクササイズかどうかを判断することが必要である。

思い込み7 「ウォーミングアップを必ずしなくてはならない」

エクササイズに入る前に,「ウォーミングアップ」といって簡単なリレーションづくりをすることがある。ただし,「こまった学級」では,エクササイズ自体がリレーションづくりである。ウォーミングアップぐらいでリレーションはできにくい。そこで,ウォーミングアップでは,①レディネスを高めること,②モチベーションを高めること,の2点を目的として留意する。

「始めから握手をさせるなど無理かもしれない」という場合がある。そんなとき,ウォーミングアップをしないでスタートするか,こまった学級に合わせた内容でウォーミングアップをするかは,リーダー(教師)が判断するのである。やりたくない握手をさせようとして,最初からいや～な雰囲気をつくり,ぶちこわしたムードでスタートするのは,ねらいをはき違えた,エンカウンターのためのエンカウンターである。

こまった学級では人間関係づくり自体がゴールである。次章からは,そのためにエンカウンターを生かした学級の立て直し方を紹介していく。

> 本音で語り合えるまでじっくり時間をかけて

第1章
エンカウンターで学級を立て直すには

　この本は，学級経営を応援する本である。構成的グループエンカウンターをうまく行うための本ではない。エンカウンターのよい点を生かして，学級経営をうまく進めるための本である。

　学級経営をうまく行うには，学級の雰囲気をよくすることである。それには，学級の仲間関係をよくすることが必要である。仲間関係がよくなるとは，お互い，人間として相手を尊重し，「ありがとう」と感謝でき，他者（友達）のために無償で働くことができることである。そのような中で，教師も生徒も共に成長することができることである。

　本章は，エンカウンターで「こまった学級」を立て直すときの考え方を述べる。

1　「こまった学級」でなぜエンカウンターなのか —— 18
2　教師に必要なリーダーシップ —— 22
3　よい人間関係づくりの勘所 —— 24
4　4月から「こまった学級」のときに —— 26

第1章 エンカウンターで学級を立て直すには

第1節 「こまった学級」でなぜエンカウンターなのか

　私は，教育現場に携わる者として，子どもたちに「人に感謝することができ，人のために役に立ちたいと思える人間に成長してほしい」ととくに願っている。この願いに少しでも近づくことのできる手法として，構成的グループエンカウンター（以下，エンカウンター）を学級経営に活用し，効果を実感してきた。

　結論は，いまの教育現場にはエンカウンターが有効である。エンカウンターだけではなく，さまざまな教育技法を駆使していくことはいうまでもないが，本書ではエンカウンターだからこそできることがあると訴えたい。

● 人間関係力の低下が学級を停滞させる

　いまの子どもたちにみられる大きな問題として，「人とかかわる力の未熟さ」があげられる。これは多くの研究者が指摘するところであり，ほとんどの教師が子どもと接していて感じることだろう。例えば学校には，不登校，いじめ，学級にとけ込めない生徒たちの問題がある。普通の生徒でも，友達関係・友達づくりにむずかしさを抱えている。どれも「人とのかかわり」の問題である。

　生徒同士がうまくかかわることができないと，学級の雰囲気も，どことなくよどんでしまう。教師からすると，いまひとつパッとしない学級である。そのような学級をこの本では，「こまった学級」と呼ぶ。この「こまった学級」の生徒たちには，教師が意図的・計画的に「人とかかわるチャンス」をつくることによって，人とかかわれる力を育てることがとくに必要である。

● 人間教育への責任が増す学校教育

　繰り返しになるが，私は教師として，人とかかわる体験を通して，人が大好きで，人に「ありがとう」と感謝できる人間，人のために役に立ちたいと思える人間，それ

があたりまえでうれしいと思えるような人生観・価値観をもつ人間に，子どもたちを育てたいと願っている。これまで，このようなことは家庭や地域社会，学校が自然と教えてきたことだろう。しかし，いまは，どこかの集団を舞台にして，意図的に教えないと育っていかないのではないかと感じている。

そこで，本書は最終的なねらいを「人に感謝することができ，人のために役に立ちたいと思える人生観の育成」として，生徒たちに学級集団の中でかかわりあうことを促すことで，「こまった学級」から「生徒も担任も楽しいと思える学級」へと成長させていきたいと考えている。それにエンカウンターを活用していくのである。

● 構成的グループエンカウンターとは

構成的グループエンカウンターは國分康孝・國分久子が提唱した，「育てるカウンセリング」の技法である。わかりやすく説明すると次のようになる。

〔構成的グループエンカウンターとは〕
本音と本音のふれあいによる自他発見を通して，参加者の行動変容を目標とする「集中的なグループ体験」のことである。究極的には人間的成長をめざしている。

このように，構成的グループエンカウンターは，「人間は心と心のふれあいの中で成長する」という考え方をベースにして，集団の中での体験学習による自己の成長を目的としている。エンカウンター（encounter）すなわち「ふれあい」には，「人とのふれあい」だけではなく「自分自身とのふれあい」がある。

● 学級経営に生かすエンカウンターの考え方

すべてのことを1人で考えたり，読書をしたり，学習したりして，学べるわけではない，集団の中でしか学べないことがある。集団で他者とかかわるから，より広く・深く思考，感情，行動を学ぶことができるのである。

「こまった学級」を立て直し，子どもたちに「感謝の気持ち」や「人のために役に立ちたいと思える人生観」を育てるために，エンカウンターの考え方を学校教育向けに整理すると，次のようになる。

> 〔学級経営にエンカウンターを取り入れるときに基本とする考え方〕
> （1）人間は集団で生きている。他者とのかかわりを楽しくたくさんもてるほうが，人生をより楽しく過ごせる。
> （2）他者とたくさんかかわると人間的成長ができる。なぜなら，他者とかかわることで，認知の拡大・修正，自己理解，他者理解が深まっていくからである。そうすることにより，ものの見方や考え方の幅が広がり，自分らしさに自信がもてるようになり，他者をも大切にできるようになることが人間的成長である。

そのために教師は「教える」というスタンスだけでなく，「子どもと共に学び，共に成長する」という姿勢を大事にしたい。行事や活動を通して，そしてグループエンカウンターを一緒にやりながら，子どもも教師も共に人間的に成長する。

● 「こまった学級」で重視するエクササイズ

このように考えてくると，エンカウンターのエクササイズは，単に盛り上がったり面白がったりすることがねらいではない。

こまった学級でエクササイズを行う場合は，下記の3つのねらいを基本とするのがよいと考えている。

> 〔本書が重視するエクササイズのねらい〕
> ○他者のよいところを探す
> ○他者に対して「ありがとう」と感謝の念を表し伝える
> ○他者の役に立つ

なお，構成的グループエンカウンターには，自己理解，他者理解，自己受容，自己表現・自己主張，感受性の促進，信頼体験というエクササイズのねらいもある。本書は，それらすべてを網羅した紹介本ではないことをご理解いただきたい。

● 構成を工夫して「感謝」「利他の実践」の心を育てる

「こまった学級」でエンカウンターを行う場合は，「その学級でできること」に焦点化して，展開を組み立てていくとよい。構成的グループエンカウンターの「構成的」

とは，テーマやグループサイズ，時間などについて枠を定めることである。「こまった学級」に適した「構成」を工夫するのである。

本書では，こまった学級でもやりやすいように，エクササイズの根幹を「他者のよいところを発見する」「感謝・ありがとう」「人の役に立つ」を中心とした。漠然と取り組ませるのではなく，枠を定め方向づけをすることで，「こまった学級」でできるようになるのである。

〔「こまった学級」でのエクササイズの大枠〕
○**「感謝・ありがとう」を言えるようにする**（言う機会を具体的に示す）
　(1) ものをもらったとき
　　：(例) レポート用紙をもらったとき
　(2) 行為・行動をもらったとき
　　：(例) 助けてもらったとき，日直の仕事を手伝ってくれたとき
　(3) 気持ちをもらったとき
　　：(例) あたたかい声をかけてもらったとき，「がんばれ」と言ってもらったとき，心配してもらったとき（先生に叱られたとき「大丈夫だよ」と言ってくれた），励ましてもらったとき（試合で負けたとき「次がんばろう」と言ってくれた）
○**「よいところ」を見つけられるようにする**（人を見る視点を例示する）
　(1) 事実：(例) 頭がいい，係の仕事をする
　(2) 行動：(例) 一生懸命がんばる
　(3) 価値：(例) みんなのことを考えている，やさしい言葉をかけてくれる

このように構成的グループエンカウンターの特徴を十分に活用することで，「こまった学級」でも，生徒たちの成長を促す取り組みができるのである。

第2節 教師に必要なリーダーシップ

● リーダーとファシリテーター

　エンカウンターには，ゲシュタルト療法の流れを汲む構成的グループエンカウンターのほかに，来談者中心療法の流れを汲むロジャーズの始めた非構成的グループエンカウンター（ベーシックエンカウンター）がある。後者は参加者に対し，指示（枠）がほとんど与えられず，何を話すか，何をするかは参加者の自発的な判断に任されている。

　この非構成的グループエンカウンターでは，話し合いを進めていく人を，「ファシリテーター（促進者）」と呼ぶ。ファシリテーターは，指示をして話し合いを進めるのではなく，何か起こったとき，その中に立ち，何が起こっているかわかりやすくしていく人である。

　いっぽう本書がもとにしている構成的グループエンカウンターでは，エクササイズを進めていく人を「リーダー」と呼ぶ。それは，グループの中で起こったことに対して責任をもち，出来事に介入して，エクササイズを進めていくからである。リーダーには，集団をまとめて動かし，引っぱっていく役割がある。

●「学級担任」ではなく「リーダー」

　この本では，エンカウンターを進めていく教師を「リーダー」と呼んでいる。「学級担任」とせず，あえて「リーダー」とした。その理由は，こまった学級で行うエンカウンターでは，とくにリーダーの力量が重要なポイントとなるからである。リーダーはこまった学級をリードしなくてはならない。

　任務を引き受けるとか受け持つという意味だけでなく，しっかりと先導したり指導しなくてはならない。本書を読んで実践される読者には，「リーダー」を意識していただきたいので，この言葉を使っている。

● リーダーの条件

　構成的グループエンカウンターに必要な「リーダーの条件」は，國分康孝の著書に多く述べられている（※注参照）。本書をもとに「こまった学級」でエンカウンターを行うリーダーには，とくに以下のことを意識していただきたい。

(1) やる気（覇気）があること

　何といっても大切なことは，リーダーのやる気（覇気）である。「こまった学級の状態であっても，子どもたちには○○のことを学ばせたい。だからここでエンカウンターをやる」と，強い志をもつことである。リーダーが不安のまま，エクササイズをやらない。

(2) 「構成」できること

　「クラスのここが気になる。心配だ」と思うならば，構成的グループエンカウンターの強みである「構成」を活用して，乗り越える。構成とは，時間，グループサイズ，進度，メンバー構成などに，リーダーが枠を設けることである。

　もちろん生徒の自主性に任せる部分があってもよい。しかし，教師の意図にはずれそうな気がするならば，しっかり構成して，生徒たちに心的外傷が生じないように臨まなくてはならない。

(3) 自己開示ができること

　エンカウンターの本では必ず「自己開示」という言葉にふれられているように，リーダーの自己開示なくして構成的グループエンカウンターはできない。リーダーは，率先して自己開示をして，生徒たちが自己開示できる学級の雰囲気をつくっていく人である。自己開示するリーダーだから，生徒も自己開示して，ついてくる。

(4) 明るくユーモアのあること

　「こまった学級」は，生徒たちが小人数でグループをつくって固まり，しらけた雰囲気の学級である。それに対抗していくためには，リーダーが明るくなくてはならない。楽しくする人であってほしい。少々のことでくじけない人であってほしい。

(5) 俳優になれること

　リーダー自身がノリノリで，恥ずかしがらずに，スパッとデモンストレーションをやってのけることが，エンカウンターがうまくいく秘訣である。俳優になったつもりでやれば成功する。例えば，「猛獣狩り」をノリノリでやることのできる人である。

　　注：國分康孝・片野智治『構成的グループ・エンカウンターの原理と進め方―リーダーのためのガイド』誠信書房

第3節 よい人間関係づくりの勘所

　この本は，よい人間関係をつくることで，「こまった学級」を「楽しい学級」にする本である。そこで人間関係をよくするための基本的な知識を確認しておく。

❶ 人間には「親和欲求」がある

　人は「人に話しかけたい」「話しかけてほしい」という欲求をもっている。しかしいま，子どもたちは集団遊びをしなくなり，何気なく話す相手が周囲にいなくなっている。「どう話しかけようか」と考え込み，「話したいのに話せない」「話しかけられたいのにだれも話しかけてくれない」という思いが，ストレスとなっていく。

　これに対して，「話しかけて安心」「話しかけられてOK」となるような行動をとらせるシステムが構成的グループエンカウンターにはある。ふれあえないストレスを意図的・計画的にゲーム感覚で解消していくことで，人間関係をつくっていく。

❷ 人間関係は，第一印象で決まる

　人は事前に得た情報によって，相手に対する見方が大きく左右される。さらに最初にもったイメージが正しくなるように，情報を取捨選択する傾向がある（初頭効果）。よって，最初に学級で発するメッセージをよいものにするために，学級開きに構成的グループエンカウンターを活用するのが，最も効果的である。

❸ 好感をもつと人間関係がよくなる

　相手への好感が高まると，人間関係がよくなる。学級で次の3つで好感を高めたい。

(1) 共通点・類似点の発見

　人は，自分と同じものや似ているものに好感をもつ。「自分と似ている→自分に自信を与えてくれる→傷つけられると疑わなくてよい安心感→好感」という図式を考え

るとよい。例えば，出身地，趣味，態度，価値観などの共通点が好感に結びつく。

こまった学級でも，あきらめず，同じところや似ているところを発見するエンカウンターを繰り返し実施することにより，生徒同士が徐々に好感をもてるようになる。

(2) おいしいものを一緒に食べる

おいしいものを一緒に食べることは，気分がよい環境をつくることになる。そうすると，相手がよくみえ，気分がよくなっていく。

そこで，中学校の学級経営では，給食指導がキーになる。ゆったりとした時間を確保し，平等で楽しい給食指導ができると，会話もはずみ，楽しい学級になる。楽しい自己開示のエンカウンターをしたあとの給食は最高である。

(3) 枠を提示して信頼・信用できる雰囲気をつくる

人を信頼・信用できると人間関係がよくなる。学級生活で信頼・信用できるのは，係活動を責任をもって行ったり，ルールを守ったりしたときである。

こまった学級では，往々にしてルールが無視されている。そこで，エンカウンターを行うとき，リーダーが細かく指示する，つまり，枠を与えて守らせ構成しながら実施することで，ルールの守られる雰囲気ができてくる。

❹ 不快感をもたらすシャドウ（影）の法則

反対に，自分のコンプレックスや欠点（自分の影）と同じものを相手に見つけると，いやな気持ちが抑えがたく，険悪な人間関係に陥り，抜けられなくなってしまう。

そうならないために，自分が知らない自分のよいところを，友達から教えてもらうエクササイズをするとよい。例えば「よいところ探し」(56頁参照) をする。自分の知らない「よいところ」を友達から教えてもらうことにより，自分自身を違う視点で認めることができるようになる。そうすると，以前よりも柔軟な判断ができるようになり，苦手な人間関係を少しずつ改善することができるようになっていく。

❺ よいところのほめ方

いまの子どもは，①ストレートに，②わかりやすく，③具体的に，④しっかり，ほめないと，「ほめた」と伝わらない。あたりまえのことをした生徒をほめるのも大切だ。次に取り組むための意欲を「強化」できる。

第4節 4月から「こまった学級」のときに

● 学級開きにはエンカウンター

　学級開きのときから「こまった学級」の場合がある。中学校の小規模化も進み，1学年が1～3学級という中学校も少なくない。例えば，小学校5・6年生のときに学級崩壊して人間関係がメチャクチャになっていた場合に，中学校も1～3学級しかなく，学級編成がうまくできなくて，入学時からこまった学級のこともある。

　そんな中学1年生のとき，思春期の問題・発達課題の問題などむずかしさがあるうえに，ちょっとしたトラブルでいじめがあったり不登校生徒が出たりすると，2年生になるときに学級編成を行っても，最初からどうにもならない学級の場合もある。

　それでも，グループエンカウンターは，学級開きのときに行うと効果が高い。こまった学級の学級開きでエンカウンターをやるには，ちょっとした工夫が必要である。

　本書は，秋にこまった学級になってからの仕切り直しに使うためだけの本ではない。「4月から仕切り直し」するためにも有効である。

〔学級開きからエンカウンターで仕切直すときのポイント〕

(1) まずエンカウンターをやる。やらなければ何も変わらない。

(2) できることをやる。思いどおりにいかず，「そんなのエンカウンターでない」と言われても構わない。（シェアリングができなかったなど）

(3) 形だけでも最後までエクササイズをやれたらOKとする。なぜなら，誠意を込めてやれば，必ず「よかった」と言ってくれる生徒がいる。その生徒を1人，また1人と増やしていけばいい。

(4) 50％できれば成功である。それを続けること。そして，「こまった学級」から「ちょっとこまった学級」にしていけば成功である。

第2章
エンカウンターは こうすると うまくいく

　学級経営にエンカウンターを生かす場合，学級に合ったやり方を工夫する必要がある。こまった学級でのポイントやアイデアを紹介する。なお，とくに重要な「グループづくり」と「シェアリング」については次章で大きく取り上げる。

1　スタートが成否を決める —— 28
2　安心で楽しいエクササイズから —— 30
3　短時間で繰り返す —— 31
4　リーダーが細かく仕切る —— 32
5　ワークシートを活用する —— 34
6　リズミカルに進める —— 35
7　抵抗に抵抗しない —— 36

第2章　エンカウンターはこうするとうまくいく

第1節　スタートが成否を決める

　この本では，エンカウンターを進めていく人をリーダーと呼ぶ。学級でエンカウンターを行う人は学級担任である。大変な集団を引っぱっていく人なので，あえて『リーダー』と呼ぶ（22頁参照）。

　エンカウンターの実践でリーダーがまず留意したいのが，エクササイズの始め方である。

Point 1　しっとりとした雰囲気で

　しらけた雰囲気ではなく，しっとりした感じでエンカウンターをスタートしたい。始める前からざわざわしているのは，友達やほかのグループが気になり，落ち着きがない状態である。

　ねらいややり方を生徒に徹底させるために，騒がしくてざわざわした雰囲気ではなく，ほどよい緊張感としっとり感でスタートさせたい。

Point 2　ねらいは1行で，デモンストレーションは練習して完璧に

　こまった学級は，何かやろうとすると，グループで反対する学級である。教室に反対する声や雰囲気が漂うので，担任は躊躇したり不安になってくる。不安になると，不安をカバーするために，つい余分なことを言いやすい。不安な先生は蛇足が多い。

　しかし，生徒たちは，たくさん話されると何のためにエンカウンターをやるかわからなくなる。何のためにやるかわからないと，生徒は面白いかどうかに流されやすい。するとエンカウンターが，ねらいからかけ離れた，遊びになりやすい。

　そこで，リーダーは，ねらいを明確に1行で述べるようにする。余分なことを言わないで，洗練されたものにする。余分なことを言うと，生徒の気持ちがその方向へそれてしまう。

〔例：エクササイズ「私のしたいことBest5」のねらいを説明する場合〕

○よい例
- 言葉にすることによって意識化し，自分の願いや欲求に，気づいたり明確にする。
- 自分の願望を意識化し，自己理解を深める。

×悪い例
- 自分のしたいことが何であるかを探るエクササイズです。みんなに発表することによって，自分自身をわかるようにします。

このように，よい説明は，1行で，言いたいことをズバッと，結論だけを言う。いっぽう悪い説明は長い。ていねいに説明するように見えるが，かえって何を言いたいのかわかりにくい。

そして，デモンストレーションは，ノリノリで行う。リーダーが，恥ずかしがったり，いやそうなデモンストレーションをしては台なしである。心を込めてノリノリで行う。

Point 3　率先して動く

リーダーが率先して動き，テキパキとした雰囲気を，身をもって示す。
例えば，このように動く。

- ねらいを言って黒板に掲示したあと，デモンストレーションを見せる。
- そしてすぐに，「全員立って。机は教室の端に置こう。いすは真ん中に」と指示をしたら，リーダーが率先して机いすの移動をする。
- そのとき，「A君とB君，教卓は前だよ」「Cさん，花びんをこわさないように」と，最初は，名前で指示する。最初は，固有名詞で指示しないと，動かない。

第2節 安心で楽しいエクササイズから

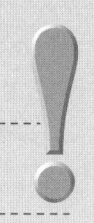

Point 1 「いやな気持ち」「侵害される不安」のないエクササイズから

　エンカウンターを1回やっただけでは，生徒たちに変化は起きない。何回も繰り返すことによって学級は変化していく。何回も続けるためには，少なくとも「もういやだ」という経験をさせないこと。そのためには，エクササイズの選び方と進め方が重要である。「いやな気持ち」「傷つけられたという思い」が生じないように，エクササイズを選び，実施には十分な配慮をしたい。

　例えば，「なりたくない友達と同じグループになっても，『いやだ』とか『キモイ』なんて絶対に言ってはならない」というくらいの，はっきりとした指導が必要である。その後に，私はいつもこうつけ加える。

　「なりたくない友達と同じグループになっても，絶対に『いやだ』と言ってはならない。そんなふうになってしまったときは，先生がじっくり話や不満を聞いてあげるから，あとで言いに来なさい」「どこがいやだったか，箇条書きで，いっぱい書いて持って来なさい」。

　エンカウンターをやれば，だいたいは「ま，いいか，この人も」となる。

Point 2 エクササイズは安心で楽しくできる順序で

　こまった学級でエンカウンターを続けるためには，下記の順番でするとよい。まずは，楽しくてまたやりたいと思わせること。そうすると，徐々に，友達のことが見えたり，自分のことがわかったりしてくる。自分のためになると「またやりたい」「次のエクササイズはどんなのだろう？」とエンカウンターを楽しみにするようになる。

　1　楽しいエクササイズ
　2　ためになる（得する）エクササイズ
　3　価値を学ぶエクササイズ

第3節 短時間で繰り返す

Point 1　短時間で数をこなす

　こまった学級では，教師が活動を指示しても，生徒たちはなかなか取り組もうとしない。わざわざ仲よしグループを解体させたとしても，小グループにこだわって，いっそう動きは悪い。ワークシートに自分の考えを書かせても，2分も経たないうちに「できた。もう書くことがない」「そんなものない」「わからない」で終わってしまう。

　普段とは違うグループで1単位時間のエクササイズができれば申し分ないが，こまった学級の場合は，まずは仲よしグループでいいから，短時間でできる簡単なエクササイズを，どんどん実践することである。

　機械的に決めると，いやなグループになる場合もある。そうであっても短時間ならがまんできるはずだ。がまんしてやっているうちに，楽しさを発見することもある。同じエクササイズを繰り返せば，2回目からはやり方がわかっているので安心して取り組める。ねらいを少しずつ達成し，しだいにがまんしなくてもできるようになる。

Point 2　できている子のペースで進めてフォローする

　ともすれば教師は，こまった生徒が楽しく取り組むことを期待して，注意や説明が多くなりがちだ。しかし，短時間のエンカウンターでは，できている子に合わせてエクササイズを進めていく。半数ができれば成功とし，次回その割合が多くなるようにする。いいかげんでいい，という意味ではない。注意するところは注意し，事前に話し合いができないと予測される場合は，あらかじめ話し合いの方法を決めておく。

　振り返り用紙を見れば，「よかった」と思っている生徒がわかるだろう。その生徒に「今日のエクササイズ，どうだった？　そうか楽しかったのか？　ここはどう感じたの？」と声をかけていく。これにより，友達とエンカウンターをすることが楽しい，この学級が楽しい，ということを再認識させ，強化することができる。

第4節 リーダーが細かく仕切る

「こまった学級」では積極的にエンカウンターに取り組もうとする意欲は低い。このような集団では、リーダーがうまくリードしなくてはならない。

Point 1　わかりやすい具体例を入れる

例えば「将来への願望を話してください」だけでなく、具体的に述べる。「将来への願望とは、この先自分がしたいことです。箇条書きで10個くらいあげてみましょう。例えば、書道を習って作品を作りたい。今年の夏は富士山に登りたい。運転免許を3年以内にとる。妻と海外旅行をしたい」というふうに。

フルーツバスケットで、うまくお題が言えない生徒のために、お題をあらかじめ黒板に掲示したり、模造紙に書いておく。それでも選ぶことができない生徒には、「上から順番だよ」と指示する。

Point 2　細かく指示を出す

気の合わない人と同じグループになった生徒は、自主的に動こうとしない。リーダーに「順番を話し合って決めてください」と言われても、「順番をどうやって決めようか」とすすんで話さない。そのグループだけ何もしないで終わってしまったという結末になりかねない。だから、「ジャンケンで順番を決めてください」などと、方法まで示すのがよい。

ジャンケンで決める場合も、最初は細かく仕切って、確認をしていく。「グループで話す順番を決めます。ジャンケンで決めます。勝った人から1番2番と話をします。グループで輪になってください。ジャンケンしやすいようにもう少し小さい輪になってください。ジャンケンするよ。手をあげて。そこの班は？（確認する）わかりやすいようにもう少し手をあげて。最初はグー、ジャンケンポン、あいこでショ。1番の

人，手をあげて。2番の人は？　そこのグループは2番目の人はだれ，手があがっていないよ？」。

　もちろん自発的にできる学級なら，こんなことはしなくてよい。しかし，自発的にできない生徒がいる学級で，ルールができるまでは，リーダーが細かく指示をしたほうがよい。発言力の強い生徒が勝手に決めることもある。私の場合，ことあるごとに「この学級は，平等，平等だよ」と担任の考えややり方を浸透させる。ルールが定着してから，生徒同士の話し合いで決めさせても遅くはない。

　生徒たちの自主性を重んじるべきだと言う先生もいるだろう。しかし，こまった学級では，「先生は平等，公平なのが好き」という考えを，早く浸透させるのがよい。

Point 3　エクササイズの流れ・やり方を視覚で示す

　次に何をするかわかっていると，安心してエクササイズに集中できる。ワークシートを活用すると，子どもは，流れがわかってやりやすい。

Point 4　エクササイズの内容・ルールを細かく示す

　「こまった学級」では，集団で活動するときのルールが定着していない場合が多い。最初はルールを具体的に示し，細かく説明したり，内容を教えたりする必要がある。ワークシートを使うとわかりやすい。

Point 5　説明のあとやエクササイズのあとに，必ず質問を受ける

　説明をしたあとに，質問を受けて，わかっているかどうか確認する。
「質問はありませんか。やり方はわかりましたか。次は何をするかわかりますか？」
　もし隣の人へ聞こうとする生徒がいたら，「なあに？　質問は先生にしましょう」と言って，ルールを徹底していく。わからないまま，不安なまま次へ進まない。

Point 6　シェアリングはとくに細かく仕切る

　シェアリングはとくに細かく，ていねいに仕切る。また，実際の様子に応じて時間を調節する。例えば，「感じたことや気づいたことを話し合ってください。1人1分です」と言ってスタートしても，なかなか話が進まず，沈黙が続くようなときは，1分を45秒で切って次に進めてもよい。ちょっと話したりないくらいがちょうどよい。

第2章 エンカウンターはこうするとうまくいく

第5節 ワークシートを活用する

Point 1　エクササイズのねらい，流れがわかるから安心できる

　「こまった学級」では，エクササイズのねらいや手順を説明しても，聞こうとしない生徒がいる。そんなとき，ワークシートを使えば，書いてあることを順に読むと，ねらいや手順がわかる。やり方がよくわからず不安になる生徒も，ワークシートを見ればわかり，安心できる。慣れてくると，黙々とワークシートにしたがって活動するようにさえなる。本書は，エクササイズにワークシートを活用している。

Point 2　自分で考え，意見をまとめる力を育てる

　「こまった学級」では，友達のことを気にして自分の考えや意見を言わなくなってしまっている。

　そんなとき，ワークシートに自分の考えをしっかりと書かせることで，自分の考えを大切にさせることができる。そして，自分が書いたものを見ながらであれば，安心して自分の考えを発表することができる。さらに，ワークシートに書きこんだ自分の考えをもとにして，話し合いのパターンを定着させることもできる。

〔話し合いのパターン〕
①個人で考える（ワークシートに書く）
　→　②グループで考え，話し合う
　　　→　③全体で考え，話し合う

　最初に自分の考えをワークシートに書き，それからグループで話し合い，全体でさらに話し合うパターンにすることにより，エクササイズから感じたり，発見したことをもとに，さらに鋭く，深く，多様に考えさせることができる。

第6節

リズミカルに進める !

　「こまった学級」は，わがまま軍団。小グループに凝り固まり，どうでもよいことに理屈をつけて抵抗する。そのようなとき，いちいち生徒の言うことをとがめるよりも，リズミカルにポンポンとエクササイズを進めていくとよい。

Point 1　わがままは受け流す

　生徒のわがままは，「抵抗」として現れやすい（36頁参照）。そんなことにイライラしないで，流してしまえばよい。

Point 2　なかなか動けない子には，そばについて，一緒にやってしまう

　フルーツバスケットをすると，真ん中に残ってしまい，もじもじとして，なかなかお題が言えない生徒が中学生でもいる。そんなとき，リーダーがサッと真ん中に立っている子に「何がいいの？」と聞いてあげる。そしてみんなに対して，その子が言ったことを大きな声で具体的に言ってあげる。なかなか言わないときは，内緒で言ったような感じにして，代わりに言って進める。いやな雰囲気をつくらないように，全体の雰囲気を大切にしていく。
　そして放課後にその生徒をちょっと呼び，感想を聞く。先生が出しゃばったように受け取られていたら，「ごめんね」と伝えればよい。

Point 3　速やかにエクササイズが流れるようにリーダーは動く

　シェアリングは，ときによっては立ち止まり，鋭く深く多様に聞くこともあるが，エクササイズ自体は，流れるように進めればよい。リーダーは，俳優のごとく，ときには演技者になって熱く語ってもよいが，エクササイズを最後まで引っ張っていく役割があるのだから，淡々と進めていくとよい。

第7節 抵抗に抵抗しない

「こまった学級」では，エンカウンターに限らず，教師があたりまえのことを指示しても，生徒たちは「はい，やりましょう！」と，ならない。いつもどこかの小グループが，文句を言ってくすぶっていたりする。そのようななかで，いろいろなことをうまく進めるコツを紹介したい。

Point 1　予告する

(1) 学級全体に予告する

「明日の5時間目の道徳の時間に，『よいところ探し』(56頁参照)をやります。これは，友達のよさを発見することを通して，自分自身を振り返ることがねらいです」と，必ず予告をする。

「ええ？　いやだ。そんなこと」と生徒が言っても，教師はいやな顔をせず，淡々と，しかし，きちんと予告をする。とくに準備が必要な場合は，黒板に書いたり，印刷物にして配布したりする。それによって，生徒は不安が和らぐので抵抗が低くなる。

(2) 個別に伝える

何かと不安を言う生徒には，放課後に呼んで，エンカウンターのことを説明しておく。場合によっては，逃げ道を与えておく。

「こまったら，途中でも先生のところへ来なさい」「グループはだれとならいいかな？　そうなるといいね」「もし，どうしてもいやなら，ここまで参加しなさい。そのあとは，先生のところへ来れば，保健室へ行けるようにしておくから」などである。逃げ道があると，ほとんどの場合，最後までやり切ってしまう。

Point 2　受け流す・聞き流す

学級担任として学級の状況を考え，「このエクササイズを実施する」と決めたら，

多少の抵抗があっても聞き流す。「グループ分けがいやだ」と生徒が言っても,「ごめんね。今日はこれでね」と言ってどんどん進めてしまう。

「こんなエクササイズはいやだ。できない」と言っても,「そう,それは驚いた。いやなのか。それは大変だね。はい,今日はやろう。あとで文句を言いに来なさい」と,流してやらせてしまう。

そこで止まり,もっとたくさんの生徒が,「いやだ。できない」と言い始めたら本当にストップしてしまう。状況を把握してやると決めたのだから,先へ進めるとよい。

「基本はやる。いやなことや不満は,終わってからすべて担任へぶつけなさい」という方針でやればよい。

Point 3　生徒の抵抗へは逆らわない

言葉遣いや態度で対立して,エクササイズに身が入らなくなる場合もある。本質をよく見抜くことである。「おれ,こんなバカみたいなことやるもんか」と言われても,「バカとはなんだ」「その言葉遣いはなんだ」と,言い返さないことである。「ええ？やらないの？　やると面白いのに」と,逆らわないで進めていく。

Point 4　やろうとしている生徒に焦点を合わせる

大半のやろうとしている生徒に焦点を合わせて,どんどん進めていくのが基本だ。2～3人やらない生徒やいいかげんな生徒がいても,熱心でまじめな生徒に焦点を合わせて進めていく。そして,学級全体に「先生の指示どおりにすれば,得して面白い」という雰囲気を少しずつつくっていけばよい。

Point 5　エンカウンター終了後,その日に声をかける

気になる生徒に「今日のエンカウンター,どうだった？」と,声をかける。生徒が「つまらなかった」と言えば,「そうか,つまらなかったのか。残念だったね」で済ませばよい。やらなかった生徒に「やらないで面白いわけないだろ」などと言わない。一声かけるだけで,終わりにすればよい。結局,抵抗に対し,抵抗しないのが基本である。

第3章
カギは
グループづくりと
シェアリング

　「こまった学級」では，グループづくりが勝負である。いかにグループをつくって，エクササイズに持ち込むかが勝負である。「こまった学級」でグループづくりができるようになると，普通のエクササイズができるようになる。そして，エクササイズのあとには必ず「シェアリング」を行い，活動を通して湧いてきた気持ちや自他の発見を共有する。このように，構成的グループエンカウンターでは，準備と振り返りの活動が，エクササイズ以上の価値をもつことが多い。

1　「こまった学級」のためのグループづくり ―― 40
2　グループづくりへの抵抗をさらりと流す ―― 44
3　グループづくりのエクササイズ ―― 46
　　①猛獣狩りに行こう　②フルーツバスケット　③ナンバーコール
　　④バースデーライン　⑤木とリス
4　なぜシェアリングが大切なのか ―― 51
5　シェアリングの仕方 ―― 53
　　　振り返り用紙 ―― 54

第3章 カギはグループづくりとシェアリング

第1節 「こまった学級」のためのグループづくり

● 最初は楽しくできるグループで

　國分康孝の構成的グループエンカウンターでは、「いつも同じ相手と不安を解消するために組むことを避ける」「できるだけ、まだ組んでいない人とグループを組む」を、グループづくりの基本に考える。学級でエンカウンターを行うときも、だれとでもペアやグループを組めるのが理想である。しかし、「こまった学級」では、このグループづくりができなくてエンカウンターができないという学級が多い。

　ある先生から聞いた話だ。いろいろな人とふれあうのがねらいだから、アトランダムにグループをつくってエンカウンターをやった。すると生徒たちに「いやな友達とやらされて、まったく面白くなかった。チョーつまらない」「あんなもの、二度とやりたくない」と言われて、その後この学級ではエンカウンターをできなかったという。

　この話から考えても、とくにこまった学級では、「いやな思いをさせないこと」を基本にグループづくりを考える必要があることがわかる。まずは「やってよかった」と感じさせて、次のエンカウンターに繋げるのだ。

　それには「一緒に活動できる人とグループになりなさい」とする方法しかない。「一緒に活動できる人とグループになりなさい」と言えば、1グループの人数はバラバラになる。しかたがない。人数調整のために移動をさせたいが無理であろう。

　私の場合、4～9人のグループで「よいところ探し」（56頁参照）をやったことがある。1グループの人数が違うと時間の調整がやりにくいが、9人のグループは1人1分、4人のところは1人2分にして、残り1分は静かにワークシートを読ませた。

● グループづくりのねらいを何度も伝える

　多くの相手と本音でふれあえる学級になるために、エンカウンターをやるときだけでなく、帰りの学活、学級の時間や道徳の時間など、折にふれて「学級の仲間」につ

いて，繰り返し話していく。

> 〔グループづくりのねらいとして生徒に伝えておきたい教師の願い〕
> ①みんなと仲よくしてほしい
> ②いろいろな友達から，いろいろなことを知ったり学んだりしてほしい
> ③気が合わない友達がいても，互いに協力したり，あいさつをしてみよう
> ④どうしてもきらいな友達がいても，そのことを表面化させたり，攻撃したりしないでほしい
> ⑤気の合わない友達とグループを組んでも，エンカウンターのひとときでお別れである。まずは，エクササイズを一緒にやってみなさい。そして，どうであったか教えてほしい。いやなこと言いたいことがあれば，担任にいっぱい文句を言いに来なさい。

● 小グループができてしまっている場合のアイデア

いつもの仲よしグループから離れるのを生徒がどうしてもいやがる場合，その小グループでエクササイズを実施する。そして，何度も同じグループで実施する。すると，普通は飽きてくるので，「別な人とも一緒でもいい」と言うようになってくる。

一緒になってもよいと言う小グループと小グループを一緒にして，エクササイズを実施する方法もある。そのときリーダーは，ルールに則って淡々と進め（35頁参照），「エクササイズを最後までやる」ということを目的とすればよい。

シェアリングは，最初から全体で話し合うのではなく，①個人で書く→②グループのなかで発表する→③グループのなかで発表したことをシェアリングとして書く，から始めるとよい。

小グループができてしまった学級は，そう簡単に，アトランダムなグループづくりはできない。時間はかかるが，少しずつ少しずつと進んでいくとよい。

● 孤立している生徒がいる場合のアイデア

孤立している生徒でも，アトランダムにグループ分けをしたら，グループのなかに入ってそれなりに活動できる生徒と，浮いてしまって参加できない生徒がいる。後者の場合は，配慮が必要である。配慮の方法を紹介する。

(1) リーダーがそのグループにつく

担任1人で進める場合は，そのグループのそばに行き，全体に指示をしながら，そのグループにはとくに指示をしていく。ただし，リーダーもグループの1人として一緒にエクササイズをやるのは避けたい。全体をリードするリーダーがいなくなるからだ。TTや副担任にそのグループに入ってもらうのがよい。

(2) 一緒にやれる生徒と一緒にする

①偶然の一致を待つ

孤立していたA君が，一緒にやってくれるB君と一緒になるようなグループ編成をする。例えば，ウォーミングアップでゲームをしながらグループをつくる場合，何回も繰り返しながらA君とB君が一緒になったときに，「はい。今日はこのグループでエクササイズを実施します」と言えばよい。

例えば，AD/HDのA君はB君と組むとうまく進めることができる。5人グループで一緒に組ませたいとき。

- フルーツバスケットを始め，全員で輪になるゲームを何回も行う。
- A君とB君が隣になる（または5人ずつで区切れば一緒になる）瞬間を探す。
- その瞬間にグループづくり。「はい，今日は5人グループをつくります」「1，2……5。ここで1つのグループ。1〜5。ここで2つ目のグループ。1〜5。ここで3つ目のグループ……。はい，このグループでエクササイズを行います」と言い，A君とB君が一緒になるようにする。

②見本の1グループだけリーダーがつくる

「今日は自分たちで5人グループをつくります。今日は同じ部活動の人が3人まではいてもいいです。さらに男子と女子がバランスよくなるようなグループをつくります。先生がつくってみるよ。はい1人，2人（B君），3人，はい君（A君）も入って4人，もう1人，5人目が入ってできた。5人グループが1つできました。このようにみんなも5人グループをつくろう」。こう言って，孤立気味なA君と，うまく組んでくれるB君を一緒にすればよい。

(3) すでに決まっている班を使う

新しいグループをつくり，孤立している生徒と一緒にしようとするから不満が出る。そういうときは，すでに決まっているグループを順に回す方法もある。

学級の生活班，給食当番の班，清掃当番の班，理科の実験の班，美術の授業の席，

専門委員会班などである。これらをあらかじめ調べておき，この順でエンカウンターをやることを発表しておく。6回もやれば，孤立気味の生徒も，周りの生徒も少しずつ変わってくると思ってよい。

● グループづくりで配慮すること

(1) 平等であること
　どのグループも同じ人数が好ましい。学級の人数を把握し，どのグループも平等になるように工夫する。

(2) エクササイズに適した人数を知ること
　実施しようとしているエクササイズに適したグループサイズを知っておく必要がある。例えばこう考える。「自己主張をさせて意見を戦わせるエクササイズでは，3人は少ないだろう。しかし7人では多すぎて意見を出しにくい。話し合うのは5人グループかな。しかし，今日のねらいは，普段あまり自己主張できない生徒にも，しっかりさせたいから4人にしよう」などである。

(3) 男女のバランス
　男女が一緒に活動するグループを心がけて，いろいろな人と出会うチャンスをつくっていく。ねらいがあれば，男子のみ女子のみのグループにしてもよい。

第2節 グループづくりへの抵抗をさらりと流す

● あえてどんどん進めてしまう

「こまった学級」や小グループで固まっている学級では,エンカウンターをやろうとしても,グループづくりでつまずいてしまうことがある。とにかく生徒は,グループづくりにこだわり,自分の小グループのメンバーと離れることを極端に恐れる。

だから,生徒の不満に応えようと「じゃあ,どういうグループづくりがいいのかな」と聞くと,生徒たちはわがまま勝手に言うので,何もできなくなってしまう。グループづくりの抵抗に真正面から解決しようと取り組むと,泥沼に入り込んでしまう。

そこで,リーダーは堂々とエクササイズを進めればよい。生徒が「このグループの人たちはいやだ。できない」と言っても,「おお,それは大変だ。大変かどうか今日はこのグループでやってみよう」と言って,どんどん進めてしまう。「グループを変えないと,やらない」と言ったら,「それは残念。先生は君にやってほしいけれど。やろうよ」と勧める。

● あとでフォローする

こまった学級の場合,4分の3以上の生徒がやろうとしたら実施するとよい。事前に,リーダーが考えたグループづくりを淡々と進めていくとよい。様子を見て「これは大変,この生徒が浮いてしまう」と感じたらその場で対応を考えればよい。

このように,こまった学級や小グループの反発は否定せずに聞き流し,どんどんエクササイズを進めていく。そして,ワークシートのシェアリング欄で,楽しかったか,簡単だったか,感じたこと・気づいたことをよくチェックする。そこに気になることが書いてあれば,本人に聞いてみる。大半の生徒が,「もう済んだからいい」と答えるか,放課後,先生に話をして「もういい」となる。

● **どうしてもしたくないという生徒への対応**

それでも、どうしてもしたくないという生徒には、このようにする。

(1)「途中まででもやってみよう。途中までやって、どうしてもダメなら休みなさい」
(2) 見ているだけでなく何か仕事をやらせる。「先生が言ったことを、黒板に書くアシスタントをやってもらいます」
(3) 途中、ほかのことをやったりしたら、「いま、みんなはエクササイズをやっている。邪魔にならないように静かに見ていてください」と注意する。けっして、生徒と売り言葉に買い言葉にならないようにする。
(4) 最後、終わったら「ごくろうさま、見ているのも大変だったね。見ていてどんな感じだった？」と聞く。「つまらなそう」と反感を買うようなことを言っても、「それは君が参加しなかったからだろ」とは言わない。「今度、参加できるといいね。先生はそうなるとうれしいな」で終わりにする。

第3節 グループづくりのエクササイズ

● 一緒に活動できる相手を広げるために

　落ち着いた学級や，宿泊型のグループエンカウンターのワークショップの場合は，ウォーミングアップのねらいはリレーションづくりである。しかし，「こまった学級」の場合は，エクササイズをするための心の準備ややる気を高めるのが目的である。そして，グループづくりに使うとよい。

　「こまった学級」の場合は，最初は，一緒になりたい者同士でグループをつくってもよしとする。ただし『好きな人』という言い方はしない。『一緒に活動できる人』という言い方をする。

　ウォーミングアップのエクササイズを活用しながら，徐々にだれとでも一緒のグループでエクササイズができるようにしていくとよい。ウォーミングアップのエクササイズは，交流分析のエゴグラムでいうFC（Free Child：自由な子ども心）が高くなるものがよい。なぜなら，FCが高くなると，少々気が乗らない相手とも一緒に活動をしてもよいと，心の許容範囲が広くなるからである。よって「中学生なのに子どもみたいなことをやらせて」と思わないで，思い切ってやることである。

● グループづくりで必要なリーダーシップ

　リーダーが，グループづくりで心得ておくことは，本日のエクササイズの，①参加人数の確認，②班数と1班の人数，③一緒の班にしたほうがよい生徒，または一緒にしないほうがよい生徒，④支援の必要な生徒，などである。そして，リーダーはノリノリで行うこと。恥しがったら生徒はやりにくくなってしまう。また，ウォーミングアップのエクササイズをスタートする直前に，「わかりましたか。質問ありますか？」と聞き，不安やわからないことを残したままスタートしないこと。楽しいエクササイズの途中に「ちょっと待った」などと言われると，しらけて興ざめしてしまう。

エクササイズ1　猛獣狩りに行こう

人数：全員　　準備：人数分のイス

　小学生に大人気のエクササイズだが，中学生も楽しんでやる。このエクササイズができるようになったら，「こまった学級」から「ちょっとこまった学級」に成長したと思ってよい。

【リーダーのことば】

　これから「猛獣狩りに行こう」をやります。先生が猛獣の名前を言います。猛獣の名前の文字数でグループを作ります。例えば，「ライオン」は，4文字なので4人グループをつくります。グループができたら手をつないで座ります。

＊

それでは，行います。　　　　　　　　　★（　）は，生徒のことば。

猛獣狩りに行こうよ！（猛獣狩りに行こうよ！）　★2回繰り返す。

鉄砲だって持ってるし。（鉄砲だって持ってるし）

槍だって持ってるし。（槍だって持ってるし）

あっ！（あっ！）　ツキノワグマ！

　・生徒は，ツキノワグマだから6人のグループになり，手をつないで腰を下ろす。

　・できなかった生徒たちに，ちょっとした質問をしたり，罰ゲームをさせてもよい。

もう一度やります。少し歩きましょう。　　★＊印から繰り返す。

今日はいまのメンバーで班をつくります。　★エクササイズをスタートさせる。

【コツ】

・普通の学級は，あまり意識しないでだれとでも組もうとするが，「こまった学級」はだれと一緒になるかに固執する。そのような中でも，何回か繰り返しながら，違う友達とグループにさせていく。そして最後に4人グループにしたいときは，4文字の猛獣を言ってグループをつくる。

・こわもての先生や，学級の生徒の名前を言うと盛り上がる。

エクササイズ2　フルーツバスケット

人数：全員，　準備：（人数－1）のイス

イス取りゲームである。円の中央に立ったオニがお題を大きな声で発表する。そのお題に従って，違うイスに移動する。イスに座れなかった者が真ん中でお題を言う。

【コツ】

・慣れるまでは，「リンゴ」「バナナ」「オレンジ」「なんでもバスケット」の4つのお題を入れておくとよい。なぜなら，真ん中に立ったら何も言えなくなってしまう生徒がいるからである。その上で，自由に「今日，パンを食べてきた人」「今日，歯を磨いた人」など自分で考えて言ってもよいとする。お題を黒板に書いておき，そこから言わせてもよい。

・隣の席は座ってはいけないなどルールを決めると，大きく移動し面白い。

・A君とB君を一緒のグループにしたい，CさんとDさんを分けたいときは，席の状態を見ながらストップをかけるとよい。

エクササイズ3　ナンバーコール

人数：10〜15人くらい，　準備：人数分のイス（床に座ってもよい）

社長・副社長ゲームとも言われる。学級では大きすぎるが，10名ちょっとのウォーミングアップには最適である。

①円陣になって，1番から順に番号を言う。自分の番号を確認する。

②1番が，例えば「1－3」と言うと，次は3番の人が「3－7」，次は7番の人が「7－2」と，番号を言われた人が，自分の番号を言って他の番号を言い返すゲームである。いつも最初は1番からスタートする。

③チャンチャン（手拍子2回）「1－5」，チャンチャン「5－9」，チャンチャン「9－2」，と，みんなで手拍子しながら，間違えないように進めていく。間違えた人は，一番最後になる。よって，間違えた次の番号の人から，1つずつ番号が若くなる。そして，1番をめざすゲームである。

【コツ】

・慣れたら，1－3，3－1のように返すのはダメ，隣の人の番号はダメなどのルールをつくると面白い。適当なところで終了し，グループづくりに利用するとよい。

エクササイズ4　バースデーライン

　　人数：全員，　　準備：人数分のイス

　誕生日の順に並ぶエクササイズである。これを1つのエクササイズとして扱ってもよい。言葉を交わさないことを，面白いと感じる生徒が多い。

　学級で1つの円になったあと，静かにさせてから始める。

【リーダーの言葉】

　これから，「バースデーライン」というエクササイズをします。誕生日の順に並びます。ここが，1月1日，次が2日と順に並び，2月，3月……，そして，最後に12月29日，30日，31日大晦日と，誕生日の順に並びます。

　ルールが1つだけあります。言葉を使わないで行います。口を動かしてもダメです。口以外は，何をどのように使ってもいいです。手や指を使って教えてもいいです。

　学級で気持ちを1つにして行うと大きな丸い輪ができると思います。この学級は，何分何秒かかるかな？　用意スタート。

・声を出したりする生徒がいれば，静かにと，注意する。
・無言で「終了でいいですか」と確認をして，「○月○日の○○（自分の名前）です」と言って順にイスに座りましょう」と座らせていく。全員失敗なくできたら，「さすがだね，すごい学級だね，心が通じ合っているね。拍手」と言う。

【コツ】

・1月1日からスタートするのではなく，実施する日からスタートしてもよい。

エクササイズ5　木とリス

　　人数：全員，　　準備：なし

　「森は大騒ぎ」とも言うゲームである。手をつなぐので，「こまった学級」ではなかなかできないこともあるが，「はい，手をつないで」「もっと，手を高く」など，さわやかに注意をし続ければ，うまくいくエクササイズである。

①オニ役1人をのぞき3人1組になる。そのうち2人が木役になって両手をつなぎ合い，1人はリス役となってその両手の間に入る。

②オニ役は「来たぞ，来たぞ，狩人が来たぞ！」「来たぞ，来たぞ，嵐が来たぞ！」「来たぞ，来たぞ，木こりが来たぞ！」のいずれかを言う。

③オニ役が「狩人が来た」と言ったら,リス役は一斉に他の木の中に移動しなくてはならない。「木こりが来た」と言ったら,木役は,相手を変えて再び木になって,リスを中に入れて3人1組になる。「嵐が来た」と言ったら,木役もリス役もバラバラになって,新たに木とリスの3人組を作り直す。このときは何の役になってもよい。

④そのつど,オニ役も中に加わり,3人組になれなかった人が次のオニ役になる。

【コツ】

・3人組で1つのグループ,または,2つ一緒にして6人組のグループをつくるときによい。3人組と3人組を一緒にするとき,リーダーが「ここの3人とここの3人で6人のグループ」と一緒にしてしまえば,リーダーの思いどおりの6人グループができる。

第4節 なぜシェアリングが大切なのか

● **シェアリングは、グループエンカウンターの命である**

　グループエンカウンターとゲームの違いは、シェアリングがあるかないかである。グループエンカウンターは、楽しいだけで終わるのではなく、いまやったことを振り返るシェアリングがある。学校教育の中では、「振り返り」と呼んでいるところが多いが、筆者は、生徒にも「シェアリング」と説明して実施している。シェアリングを実施するから「グループエンカウンター」だと私は考えている。

● **シェアリングとは**

　國分康孝によるシェアリングの説明をまとめると次のようになる。
　シェアリングとは、「わかちあい」という意味です。エクササイズを通して、気づいたり感じたりした自分のことや友達のことなどをホンネで伝え合い共有することです。参加者の思考・感情・行動を拡大・修正する機能があり、人間的な成長を促します。シェアリングは構成的グループエンカウンターのなかでエクササイズと同じかそれ以上の比重を持つ重要なものです。エクササイズに熱中し時間が足りなくなってシェアリングをしなかったら、それはゲームと同じです。シェアリングをすることに意味があるのです。いまここでの感情への気づきのほかに、行動のパターン、行動の意味、行動の原因への洞察も含んでいます。

● **やりやすい方法で**

　新学期、初めての自己紹介ゲームが終わった直後に、担任から「どんなことを感じましたか、みんなの前で発表してください」と言われても、うまく話せないのが普通の生徒たちだろう。これでは、「エンカウンターは、あとで恥をかかされるからいやだ」という印象をもたれてしまいやすい。とくにこまった学級では、最初はあまり欲

ばらないシェアリングをするようにしたい。

・みんなの前ではなく，1対1や小グループで話す
・発表ではなく書く　など

すぐに大勢の前で発表することは無理でも，時間をかけて書くなら実行しやすいだろう。書いたものがあれば，それを見ながら安心して発表もできる。小さなグループなら緊張も少ない。慣れてきてからだんだんと学級全体に広げていけばよい。

「こまった学級」では，終了直後にもちょっとした配慮が必要である。配慮の必要な生徒に，後片付けをしながら，教室を移動しながら，シェアリングをする。

「どうだった？　面白かった？」
「面白かった」
「どこが？　何が？」
「M君がジェスチャーをやったとき」
「それを見てどう感じた？」

などである。エクササイズのなかの出来事を言わせるのではなく，感情，つまり「君はどう感じたの？」と聞くようにしていく。

●「振り返り用紙」を活用する

「振り返り用紙」の利点は，振り返りの観点が書かれているので，ねらいに合った振り返りがスムーズにできる。

本書は，先生も子どもも心配しないで簡単にシェアリングを行うために，ワークシートの中にできるだけ振り返りを載せた。振り返りが入っていないワークシートの場合は，「振り返り用紙」（54頁参照）を紹介した。

なお，54頁の振り返り用紙の中で，1の③④はそのエクササイズのねらいに合った質問にする。例えば，よいところ探しの場合は「自分の思いどおりに書けましたか」，新聞紙の使い道の場合は「自分からジェスチャーをしようとしましたか」など。

しかし，書くだけでは"シェアリング＝わかちあい"にならない。

「よく書いたね。最初は読むだけでいいよ」と，少しずつみんなの前で気持ちを発表させていく。慣れてきたら，「振り返り用紙」を使わない方法でやってみるとよい。

第5節 シェアリングの仕方

　「こまった学級」では，グループをつくるのが大変で，エクササイズにもなかなか乗ってこない。ましてシェアリングで本音を語らせるのは至難の業である。次のようにするとうまくいく。

(1) 細かく仕切る

　第2章4節「リーダーが細かく仕切る」で述べたが，シェアリングも同じである。「こまった学級」から脱出するまでは，細かくていねいに仕切っていく。

(2)「個で・グループで・全体で考えて，話し合う」を基本とする

①「個で」考えさせる

　1人で考える部分を大切にしたい。小グループ化している学級では，孤立化しないように，友達に合わせようとする。よって，自分の意見をなかなか出そうとしない。そこで，まず自分の考えを書く時間をしっかりとる。書かせることにより，自分の意見をまとめることができる。

②「グループで」考え，話し合う

　グループで自分の考えを発表するとき，ともすれば，友達の意見に流されたり合わせようとしてしまう。そんなとき，自分の考えをしっかり書いていると，自己主張しやすい。「書いたことを読んでもいいんだよ」と付け加えると，自信のない生徒はやりやすい。グループで，みんなが発表して，友達の意見を聞いて，「なるほどな」と思ったり，「ええ？そんな考えもあるんだ」と感心したりして感化されても，自分の元の考えが書いてあると，どのように変容したか自分自身で比べることができる。

③「全体で」考え話し合う

　「個で，グループで，考え話し合った」あと，全体でさらに違った意見を聞いて考え直したり，自分と同じ意見を聞いて安心したりする。これは，最初に自分の意見をしっかり書いているからできることである。

振り返り用紙　　　　　　　　　　　　　　　　　　　　　　　　　　　　　____月____日

組　　番　　名前

1．あなたが感じたことを，下記のあてはまるところに○をつけてください。

	とてもあてはまる	あてはまる	どちらともいえない	あてはまらない	ぜんぜんあてはまらない
① エクササイズは楽しかったですか	5	4	3	2	1
② エクササイズはやさしかったですか	5	4	3	2	1
③	5	4	3	2	1
④	5	4	3	2	1

2．エクササイズをやって感じたこと，気づいたこと，学んだことを自由に書きましょう。

3．そのほか，何かあれば書きましょう。

第4章
どんな学級にも使える エクササイズ20選

　どんな学級でもできるエンカウンターのエクササイズを厳選し，生徒一人一人が確実に取り組めるようにワークシートを添えた。本書で述べているやり方のコツを生かし，第1群から順に，繰り返し取り組んでいく。この20選はすべて筆者が何度も実践したエクササイズである。

第1群のエクササイズ　だれがどこでやっても失敗しない。生徒も満足 —— 56
　　　　よいところ探し……………………楽しさ8　難易度2　満足度9
　　　　自己を語ろう………………………楽しさ6　難易度2　満足度7
第2群のエクササイズ　ほとんど失敗しない。生徒が楽しさを感じる —— 64
　　　　全3エクササイズ…………………楽しさ9　難易度3　満足度8
第3群のエクササイズ　失敗が少ない。体を動かしたり協力が必要 —— 72
　　　　全8エクササイズ…………………楽しさ7　難易度4　満足度7
第4群のエクササイズ　何回か経験してから。グループづくりに少し配慮 —— 92
　　　　全3エクササイズ…………………楽しさ6　難易度5　満足度6
第5群のエクササイズ　グループづくりに配慮。心を育てるのに効果的 —— 100
　　　　全3エクササイズ…………………楽しさ5　難易度6　満足度6
第6群のエクササイズ　こつこつと積み上げていけばここまでできる —— 108
　　　　私は私が好きです。なぜならば……楽しさ4　難易度7　満足度5

第4章 どんな学級にも使えるエクササイズ20選

第1群 だれがやっても生徒の満足度が高い

よいところ探し

- 個人・グループ
- 10分～50分　繰り返し可
- 帰りの会・学活・道徳
- 居場所づくり・自己肯定感

おすすめポイント　一番失敗が少ない基本のエクササイズ。他者理解を手がかりに，安心感・自己肯定感を感じられる。学級のみんなとすぐ仲よくできなくても，安心して「学級を自分の居場所」にできる。何度やってもうれしいエクササイズ。生徒が素直になれる。

チャンス

教師がやろうと思えば，どんなときでも，学級がどんな状態でも，ちょっとした時間があればできる。掲載ワークシートを基本に，アレンジが可能。形を変えて何回もやることで効果を発揮する。教師のねらいどおりに構成（計画）すること。

手順

①ワークシートに書かれた名前の人のよいところを書いてあげる。

②そのワークシートを回し，次の人がまた書いてあげることを繰り返す。

③最後に，自分あてに書かれたワークシートを読む。

④エクササイズの感想を書く。基本は掲示しない。

コツ

・短時間でポンポン進めていくとよい。リーダーが手際よく時間にそって区切って行く。

・最初は「何を書いてもOK」と言い，まず書いていることを認めてあげる。

・グループや全体でのシェアリングは簡単でよい。しかし，あまり書いてもらえなかった生徒，書いてもらったことに対して不満を書いている生徒には，あとで感想を聞く。例えば，「べつに」「書いてくれたけど，本当かどうか」「うそっぽい」など書いた生徒には，その感想を聞いてみるとよい。

・「直したほうがいいこと」と一緒にやらない。このエクササイズのよさがつぶれる。

実践例から　生徒たちの感想。「みんながそんなふうに思ってくれているなんて想像もしていなかった。うれしかった」「みんないろいろいいことを書いてくれていた。私はなかなか書けなかった。よく見ていこうと思った」「うれしかった。よかった」「みんなよく書いていたけれど，さーどうだか。うそっぽい」

出典：すべて明里康弘執筆。諸富祥彦編『エンカウンターこんなときこうする！　中学校編』図書文化　p.96-99。諸富祥彦ほか編『エンカウンターで学級づくり　スタートダッシュ！　中学校編』図書文化　p.138-139。諸富祥彦編『こころを育てる授業ベスト22　中学校編』図書文化　p.37-46

_____月_____日

友達のよいところを見つけて教えてあげよう！

「君のここがよいね」と直接は言いにくいけれど，この紙を回してその人のよいところ書いて教えてあげよう。下の名前の人の「①よいなあ」「②長所だ」「③かっこいいなあ」「④まねしたいなあ」と思うことを書きましょう。

1．自分の名前を，下の枠内に大きく堂々と書きましょう。

　　　┌──────────────────────┐
　　　│ 名前　　　　　　　　　　　　　│
　　　│　　　　　　　　　　　　　　　│←この友達のよいところを書きます
　　　└──────────────────────┘

2．先生の指示に従って，よいところを書き，この紙を時計回りに回します。

　書く時間は90秒です。その間は，書いてしまっても待っています。90秒たつと，先生が「紙を左の人に回してください」と言います。そのときは途中でもやめて，次の人へ渡します。

より

より

より

より

3．自分に対して書いてもらったものを静かに読んでみましょう。

4．エクササイズの感想を書きましょう。

		とても	まあまあ	ふつう	あまり	ぜんぜん
1	このエクササイズは楽しかったですか	5	4	3	2	1
2	このエクササイズは簡単でしたか	5	4	3	2	1

　3　友達に書いてもらって感じたことを書きましょう

　4　エクササイズをして，自分や友達のことで，気づいたことや新しい発見を書きましょう

_____月_____日

【体育祭】友達のよいところを見つけよう！

組　　番　名前

　体育祭が終わりました。ごくろうさまでした。なかなか自分では自分のよさはわからないものです。友達のよいところを教えてあげましょう。

1．中央に自分の名前・係と，体育祭でよかったこと，楽しかったこと，がんばったことを書きましょう。
2．寄せ書き風に，枠の回りにコメントを書いて，この紙を時計回りに回しましょう。
　　書く時間は2分です。その間は，書いてしまっても待っています。2分たつと先生が「紙を左の人に回してください」と言います。そのときは，途中でもやめて次の人へ渡します。だれが書いたかわかるように，記入者は自分の名前も書いておきましょう。

名前：
係　：

体育祭でよかった・楽しかった・がんばったこと
①
②
③

_____月_____日

【帰りの学活版】友達のよいところを見つけよう！

組　　番　名前

　よいところ，よい行動，よい性格など，友達のよいことをたくさん書いてあげよう。心がけることは，「具体的に書くこと」，「いやなことは絶対書かないこと」です。

〈やり方〉
　①書いてもらう相手は，先生が指示します（例：となり同士で，前後でなど）。
　②紙を友達に渡し，「用意，始め」で書きます。「1分，終わり」でやめます。
　③紙を返してもらい，「用意，始め」で感想を書きます。「1分，終わり」でやめます。

No.	月／日（曜日）	よいところ，よい行動，よい性格……	書いてもらって感じたこと・気づいたこと
1	／（　）	より	
2	／（　）	より	
3	／（　）	より	
4	／（　）	より	
5	／（　）	より	
6	／（　）	より	
7	／（　）	より	
8	／（　）	より	
9	／（　）	より	
10	／（　）	より	

〈エクササイズふりかえり表〉　最後の日に書きます

とても　まあまあ　ふつう　あまり　ぜんぜん

1　このエクササイズは楽しかったですか　　　5　　4　　3　　2　　1
2　このエクササイズは簡単でしたか　　　　　5　　4　　3　　2　　1
3　友達に書いてもらって感じたことを書きましょう

4　エクササイズをして，自分や友達のことで気づいたことや新しい発見を書きましょう

_____月_____日

【保護者】わが子（　　　　　　　）のよいところ探し

名前

※この紙はお持ち帰りいただきます。

1．わが子のよいところを具体的に書いてみましょう。

　　例　わが子のよいところは，やさしいところです。例えば，「早く風呂に入って休んだら」と気をつかって声をかけてくれます。

①わが子のよいところは，

②わが子のよいところは，

③わが子のよいところは，

④わが子のよいところは，

⑤わが子のよいところは，

⑥わが子のよいところは，

⑦わが子のよいところは，

⑧わが子のよいところは，

⑨わが子のよいところは，

⑩わが子のよいところは，

おまけ　わが子のよいところは，

2．10個書いて，お子さまのこと，親御さま自身のことで，どんなことに気がつきましたか。

【学年末】

１年間ありがとう！

一緒に過ごした１年間で見つけた友達のよいところを，寄せ書き風にたくさん書いてあげよう。

　　　　　　　　　　　　　君・さん

君のよいところ，すばらしいところ
素敵なところ，見習いたいところ
こんなにたくさん見つけました
来年もよろしく
平成　　年　　月　　日

第4章 どんな学級にも使えるエクササイズ20選

第1群 だれがやっても生徒の満足度が高い

自己を語ろう

(個人＋掲示方式)
(50分)
(3回は繰り返せる)
(自己開示・他者理解)

おすすめポイント エンカウンターの基本は自己開示。批判されたり傷つくのを恐れている場合は，最初は一方通行の自己開示でよい。学級開きでなくても，その時期に合った内容で自己を語ることから始め，積み重ねていく。まず，書いて掲示するところから始める。

チャンス

「学級の雰囲気がよくない，いままでエンカウンターなどまったくやっていない，でも何かやりたい」。そんなときの第一歩として，このような掲示式エンカウンターが最適だ。その時々の心境次第で，自己開示の程度を調整できる。こまったときがチャンス。いつでも失敗なしに始められる。

手順

①自分に関する情報を，個人でワークシートに記入させる。時間内にできないところは宿題にする。
②集めて学級に掲示する。

コツ

・内容は，はじめはオーソドックスなものでよい。
・事前にリーダーの「自己紹介」を掲示しておくとよい。ただし，生徒はそれをモデルにして書くので，うわべだけの自己開示だと，生徒も軽い自己開示しかしない。
・学級へのかかわりを意識させたいので，最後に学級へのメッセージを入れている。
・集めたシートを使って「私はだれでしょうビンゴ」(95頁)もできる。

実践例から
「先生，持って帰ってやって来てもいい？」「いいよ」。「写真はってもいい？」「もちろん」。「色をぬってもいい？」「すごいね」。熱心な生徒にこう答えた。まじめにがんばる生徒の小さな意欲を大切にしていきたい。まじめな生徒との関係が途切れたら，なかなか正常な学級はつくれない。

掲示してあるので，生徒たちは思い思いの時間で友達のシートをよく読んでいた。「あいつ，こんなこと書いている」「へえー，おれと同じ趣味じゃん」などと言っていた。

_____ 月 _____ 日　学級掲示用

自己紹介しよう　　　　　組　　番　　名前

　自分のことをクラスのみんなに紹介しましょう。これは教室に掲示するので，みんなに見てもらってもよい内容を書くのがコツです。色を使ったり，絵を描いたり，写真をはったり，自由に楽しんでください。

家族　　人・　　　　，　　　　，　　　　， どのような家族ですか	
専門委員会 ＿＿＿＿＿＿＿ 委員会 私の仕事	

部活動	教科係

趣味・特技	

好きなもの・理由	食べ物・飲み物
	スポーツ
	TV番組
	芸能人
	好きなこと
	色
	好きな場所

夢・目標	将来の夢・希望
	今年の目標
	夏休みまでの目標

もう少し私を紹介します	写真 or イラスト

学級のみんなへ

第4章 どんな学級にも使えるエクササイズ20選

第2群 ほとんど失敗がなく，楽しい

もしなれるなら，何になりたい？

- グループ
- 10分〜50分
- 3回は繰り返せる
- 帰りの会
- 自己開示・他者理解

おすすめポイント 楽しくて失敗のないおすすめエクササイズ。自分が何になりたいかを，動物，植物，昆虫などにたとえる。直接に自分を表現するのではなく，他のものにたとえるので表現しやすい。それを聞き合うことにより，友達の考え方をより理解できる。また，他者と自分を比較することで，自己理解が深まる。

チャンス

時間さえ確保できれば，どんな学級の状態でもできる。1時間とってもよいし，帰りの学活でもできる。学級の状態によってグループ編成を行い，人間関係がよくない状態であれば，最初は一緒にできる者同士のグループから進めればよい。

手順

①学級の状態に応じて2〜6人程度のグループをつくる。できれば5人。
②ワークシートに自分がなりたいものとその理由を書く。
③書いたことをグループの中で発表し合う。
④やってみた感想を書き，グループの中で発表する。学級全体で1〜2人発表する。

コツ

・モデルを必ずワークシートに書いておく。リーダーのものがよいが，いままで実践した中から選んでもよい。ありふれたモデルだとそれなりの本音しか書かない。
・なかなか書くことができない生徒には，すべての項目を書けなくても，1〜2つ書けていればよいとする。
・感想に「面白くない」と書いた生徒には，「今日のエクササイズどうだった？」とさりげなく聞く。「別に」「あんなもの」という答えでも「そう」と受け止めるだけでよい。
・なりたいものの欄の最後に，仕事などを入れると，進路指導の導入に使える。

実践例から ある不登校生徒と一緒に実践した例。1回目は何も書くことができなかった。2回目には「友達はいろいろ言えてすごい」とシェアリングの欄のみ書くことができた。3回目，少し中身を書くことができた。そして，4回目に，飼っているネコと書いた。理由は「みんなから大切にされるから」とあった。4回目で少し彼の本音が書けた。

_____月_____日

もしなれるなら，何になりたい？

組　　番　名前

1. もしなれるなら，あなたは何になりたいですか。自分のなりたいもの・理由を具体的に書きましょう。

No.	なりたいもの	理　　　由
例	昆虫 　　ごきぶり	どんなすきまでも入っていけるから。すばしっこく逃げることができる。友達の家に行って，だれよりも早くおいしいものをなめることができるから。サイコーの気分。
①	動物	
②	植物	
③	昆虫	
④	仕事	
⑤		

2. 書いたものを，グループの中で発表し合いましょう。質問してもよいです。

3. エクササイズの感想を書きましょう。

　　　　　　　　　　　　　　　　　　　　　とても　まあまあ　ふつう　あまり　ぜんぜん
　　1　このエクササイズは楽しかったですか　　5　　　4　　　3　　　2　　　1
　　2　このエクササイズは簡単でしたか　　　　5　　　4　　　3　　　2　　　1
　　3　エクササイズをして，感じたことを書きましょう

　　4　エクササイズをして，自分や友達のことで，気づいたり新しい発見を書きましょう

4. グループの代表が，グループでの様子を学級全体に発表しましょう。

第4章 どんな学級にも使えるエクササイズ20選

第2群 ほとんど失敗がなく，楽しい

私のしたいことBest5

- グループ
- 10分〜30分
- 帰りの会・学活・道徳の時間
- 自己開示→他者理解→自己理解
- 繰り返し可

おすすめポイント 簡単に楽しくできる。ほとんどの生徒が満足し，失敗のないエクササイズ。なぜなら，自分の願望を語るため，自分が何をしたいかわかるから。自己開示からスタートし，友達のことを聞くことにより他者理解ができ，それによって自己理解が深まる。

チャンス

いつやっても成功する。グループのメンバーや，本日のテーマを変えると何回でもできる。自分の願望を語るエクササイズなので，自分も聞いている友達も楽しい。

手順

①ワークシートに自分のしたいことを書く。理由をていねいに書くと発表が面白い。
②グループの中で発表する。理由も言う。1人2分。ときには「質問してもよい」とすると，質問する友達も興味がわき，答える本人もうれしく，自己理解も深まる。
③全体で感じたことを発表する。人の話を聞いて感じたことも発表させる。
④ワークシートの振り返りをする。それを発表する。

コツ

・十分に時間を取って，しっかり考えて，しっかり書かせる。
・シェアリングの時間を多めに取る。なぜなら友達の発表を聞いて自分もそれをやりたいという場合が多い。時間が少ないと感じたことが流れてしまうが，時間が確保されていると，その気持ちを書くことで，したいことが明確に「願望」になっていく。
・テーマを「中学生まで」「2年生まで」「20歳まで」「趣味のこと」など決めると何度でもやれる。進路指導の導入にも使える。
・5つ必ずやらなくてはならないことはない。時間によって調節できる。

実践例から 事後の感想。「ぼくはあまり思い浮かばなかったけれど，W君のを聞いたらぼくもしたくなった。得した気分。いままで知らなかったW君だが，面白い人だと思った」。「海外に行きたいまではY君と同じだが，スケールの大きさに驚いた。もっと聞きたいと思った」。「みんないろいろな夢があり，それを聞いたらとても楽しかった」。

出典：「私のしたい10のこと」國分康孝監修『エンカウンターで学級が変わる　中学校編』図書文化 p.180-181

_____月_____日

私のしたいこと Best 5

組　　番　　名前

●本日のテーマ（ときにはテーマを決めることもある）_____

1．私のしたいことを，書きましょう。

No.	私のしたいこと	理　　由
例	世界の国へ旅に出る。特に，アジアの国を中心にできるだけたくさん行く。	知らない国へ行って生活してみたい。その国の人と友達になって話をしたり，一緒に遊んだりしたいから。
1		
2		
3		
4		
5		

2．グループの中で発表しましょう。

3．エクササイズを振り返りましょう。
　　　　　　　　　　　　　　　　　　　　　　とても　まあまあ　ふつう　あまり　ぜんぜん
　1　エクササイズは楽しかったですか　　　　　5　　　4　　　3　　　2　　　1
　2　エクササイズは簡単でしたか　　　　　　　5　　　4　　　3　　　2　　　1
　3　友達のことを知ることができましたか　　　5　　　4　　　3　　　2　　　1
　4　エクササイズをやって，感じたり気づいたことを書きましょう

4．学級全体で発表しましょう。

5．『私のしたいこと』に変化がありましたか？

第4章 どんな学級にも使えるエクササイズ20選

第2群 ほとんど失敗がなく，楽しい

私はわたし

(個人→学級) (10分)
(繰り返し可)
(帰りの会・行事後・学期末)
(自己開示)

おすすめポイント 自分が知られたくないことは書かないので問題が起きにくいうえに，自分の意外な面を発表できたり，友達の隠れた面を知るチャンスとなる人気のエクササイズ。当てられた人が感想を述べ，全員で拍手をすると，学級の大切な一員であることを味わえる。

チャンス

内容を変えて繰り返すと楽しい。1回目は1時間かけてリーダー主導でていねいにやる。帰りの会に毎日3～5人ずつもできる。夏休み後，学期終了後，行事後も実施できる。グループづくりで苦労せずに，学級全体で友達を知るのに効果的である。

手順

①ワークシートに自分に関する情報を4～5個書かせて，回収する。
②あるワークシートの1つ目の記述をリーダーが読み上げ，「私はだれでしょう」と問う。
③手をあげた生徒を指名し，正解の場合は「正解！ あたり」と言う。ちがった場合は「ブブー」と言って次の人にあてる。2～3人答えても当たらなければ，2つ目の記述を読み上げる。1つ目で当たっても，書いたものはすべて読み上げる。
④ワークシートを書いた本人に感想を言わせ，みんなで拍手をする。
⑤次の人へ進み，最後に振り返りシートを書かせる。

コツ

・自己開示を恐れている学級では，面白さが半減するので，リーダーの例をワークシートに書いておく。ただしありふれた例だと効果は薄い。
・何を書いていいかわからない生徒には，リーダーが個別援助をする。
・「私はだれでしょうビンゴ」（95頁）につなぐこともできる。

> **実践例から** 意外なこと・具体的なもの・たくさん書いているものから発表したら，書き直しを申し出る生徒がいた。その生徒は「私は野球部」から「私は，お父さんと白い球を追い始めて8年がたった野球少年です」と書き直してきた。
> ふだんは勝手におしゃべりをする生徒が，「おまえら，静かにしないと聞こえないだろ」と大声で言った。みんなびっくりしていた。

出典：「私はわたしよ」國分康孝監修『エンカウンターで学級が変わる 小学校編』図書文化 p.152

_____月_____日

私はわたし

組　番　名前

　これから「私はわたし」をします。まず「私は」に続けて，自分のこと，友達があまり知らないこと・教えたいことなどを書きます。次にそれを集めて，先生が順に読み上げ，「それはだれか」をあてます。目的は，①自分自身をふり返る，②もっとみんなのことを知るです。友達の意外な面を知ると，もっと仲よくなり，楽しい学級になるでしょう。

> 例　私は，幼稚園の時から小学校の5年生までスイミングに通っていました。だからどんな泳ぎもできます。えらいでしょ。
> 　　私は，テレビをほとんど見ませんが，日曜日，6チャンネル，夜10時の「世界ウルルン滞在記」だけは見ます。見るととっても楽しい気分になります。しかし終わると11時なので「明日は学校か」とゆううつになります。
> 　　私は，将来アジアに行って先生になりたいです。日本のことも，音楽も教えたいです。日本からハーモニカ，笛，ピアニカ等を持って行き，音楽のすばらしさと楽しさを教えたいです。

　注意　①過去，現在，将来のことが入っているとよい。
　　　　②自分が友達に知られてもよいことを書く。発表したくないことは書かない。
　　　　③発表のとき，男・女をわからなくするため，出だしは「私は」で始めます。
　　　　◎友達の発表を聞いて，絶対批判したり悪く言わない。せっかく本音で言ったのにケチをつけられたりひやかされたりすると，本音で言う気がなくなります。

1．私は，

2．私は，

3．私は，

4．私は，

　　　　　　　　　　　　　　　　　　　　　　　　　　　　　　私は，だれでしょう？

_____月_____日

夏休み版　私はわたし

組　　番　名前

「それは」に続けて書きましょう。先に結論を書き，その後，理由を具体的に書きます。楽しい，びっくり，大変なことがなければ，そこを消して，自分の書きたいことを書きましょう。

例　1	私は，とても楽しいことがありました。それは，昨年知り合った友達と再会することができたからです。去年の夏，知り合って家に泊めてもらった友達です。空港で出会った時は感激しました。
2	私は，とてもびっくりした（驚いた）ことがありました。庭のひまわりが，花は私の顔より大きくなり，高さは私を抜いて太陽に近くなっていたからです。
3	私は，（死ぬくらい）大変な思いをしました。夜遅く家に帰ったら，内鍵がかけられ，家の中に入れませんでした。真夜中に，はしごを出して2階の窓から家に入りました。足がすべり，落ちて死ぬかと思いました。

1　　私は，とても楽しいことがありました。
　　　それは，

2　　私は，とてもびっくりした（驚いた）ことがありました。
　　　それは，

3　　私は，（死ぬくらい）大変な思いをしました。
　　　それは，

4　　私は，
　　　それは，

私は，だれでしょう？

〈エクササイズふりかえり表〉

	とても	まあまあ	ふつう	あまり	ぜんぜん
1　エクササイズは楽しかったですか	5	4	3	2	1
2　エクササイズは簡単でしたか	5	4	3	2	1
3　いままでの自分より，もっと自分を知ることができましたか	5	4	3	2	1
4　友達のことを知ることができましたか	5	4	3	2	1

5　エクササイズをやって，感じたり気づいたことを書きなさい

_____月_____日

夏休みの思い出を語ろう　　　組　番　名前

1. 夏休みに体験したことを左の欄に書きましょう。そしてグループで発表しましょう。
2. 友達の発表を聞いて感じたことを右の欄に書きましょう。

	事実・できごと	感　想
1	楽しかったこと	
2	うれしかったこと	
3	感動したこと	
4	悲しかったこと・いやだったこと	
5	2学期がんばること	そのこころは？

〈エクササイズふりかえり表〉

		とても	まあまあ	ふつう	あまり	ぜんぜん
1	エクササイズは楽しかったですか	5	4	3	2	1
2	エクササイズは簡単でしたか	5	4	3	2	1
3	いままでの自分より，もっと自分を知ることができましたか	5	4	3	2	1
4	友達のことを知ることができましたか	5	4	3	2	1

5　エクササイズをやって，感じたり気づいたことを書きなさい

第4章 どんな学級にも使えるエクササイズ20選

第3群 失敗が少ない。体を動かす・協力する

3つのお願い

(グループ) (15分)
(繰り返し可)
(学活・道徳)
(自己開示・他者理解)

おすすめポイント 小グループ化しているときに効果的。「親しいはずの友達に，なぜお願いを言えなかったのか」と考えさせることができる。また，困りごとや悩みごとを生徒自身も教師も知ることができる。「困っているのはみんな同じなんだ」と他者への見方が変わり，親しみがわく。

チャンス

基本的にはいつでもできる。学活や道徳の時間の3分の1を使ったりして，短時間でできる。生徒には事前に実施を予告しておくと，自分が納得できるものを早く書ける。

手順

①親しい友達と，3～5人のグループをつくる。
②ワークシートに「3つのお願い」を書く。5～10分程度。
③グループ内で発表し合う。書いたことに付け加えても，違うことを発表してもよい。
④エクササイズの感想を書く。
⑤グループの代表が，グループ内での活動の様子を学級全体に発表する。

コツ

・例として，リーダーが楽しそうに自分のものを発表すること。例が軽すぎても重すぎても，生徒は本音を出せなくなる。言うまでもないが，うそは逆効果である。
・なかなか書くことができなかった生徒には，「今回は，なぜ発表しにくかったのか，なぜ書くことができなかったか考えてみよう」と考えさせ，終わりにする。
・家庭のこと，いじめなど深刻なものが出てくる場合がある。そのときはすぐ対応する。一般的なものは聞くだけでもよい。

実践例から 給食時間，グループで一緒のときに声をかけた。「A君は何も書いていなかったけど，お願いしたいことはないの？ Bさんのお願いは面白いね。かなうといいね」。また，「おれとY君は仲がいいと思っていたのに，Y君には言いにくかった。なぜかわからない。先生，なんで？」と言う生徒もいた。エクササイズをきっかけに，グループのコミュニケーションを広げていけるとよい。

_____月_____日

3つのお願い

組　番　名前

先生は，いつもいつもみんなのことを思っています。「みんなの願いをかなえてあげることができたらいいなあ」と思っています。でも，なかなかそううまくはいきません。

もし，みんなの願いをほんとうにきいてくれる神様がいたら，あなたは何をお願いしますか。この神様はケチで3つしかダメと言っています。お金とドラえもんグッズはダメです。

1．3つのお願いを書きましょう。

例	もう一度中学生になりたい！！！ 会話を中心に，今度こそしっかり英語を勉強したい。海外に行きやすいから。 そして，部活動をもっと一生懸命やって，市でBest 3に入りたい。
①	
②	
③	
おまけ	

2．書いたものを，グループの中で発表し合いましょう。質問してもよいです。
　　（書いたことと違うことを発表してもかまいません）

3．エクササイズの感想を書きましょう。

	とても	まあまあ	ふつう	あまり	ぜんぜん
1　このエクササイズは楽しかったですか	5	4	3	2	1
2　このエクササイズは簡単でしたか	5	4	3	2	1

　3　エクササイズをして，感じたことを書きましょう

　4　エクササイズをして，自分や友達のことで，気づいたり新しい発見を書きましょう

4．グループの代表が，グループでの様子を学級全体に発表しましょう。

第4章 どんな学級にも使えるエクササイズ20選

第3群 失敗が少ない。体を動かす・協力する

私シリーズ

(グループ) (15分)
(テーマを変えて繰り返す)
(帰りの会,学級の時間)
(自己開示・他者理解)

おすすめポイント 自分を表現する自己開示のエクササイズ。他者から非難されることなく自分のことをいろいろな形で表現できるようになると,とても楽しい。また,友達の意外な面や気持ちもわかってくる。繰り返すことによって,自然と仲よくなっていくエクササイズである。

チャンス

「よいところ探し」「もしなれるなら何になりたい」「私のしたいことBest 5」などで,エンカウンターを学級でやれる雰囲気ができると,あとはパターンどおりに進めていけばよい。私シリーズでは,「こんなのがあるけれど,何をやりたい?」と聞けば,生徒がしたいエクササイズを選んでくれる。

手順

①グループをつくる。
②テーマにそって自分の好きなものをワークシートに具体的に書く。理由も書く。
③書いたものをグループ内で発表する(質問してもよい)。時間はリーダーが指示。
④グループの代表が,グループで出た意見を学級全体に発表する。
⑤自分や友達の発表を聞いて,感じたこと,気づいたことをワークシートに書く。

コツ

・「よいところ探し」「もしなれるなら何になりたい」「私のしたいことBest 5」などのエクササイズをていねいにやっておけば,やりやすい。
・リーダーは自分自身の自己開示を恥ずかしがらず,ノリノリで行う。
・7割の生徒がよかったと言えば成功と考え,数個のエクササイズを実施する。
・「絶対,友達の意見に,ケチをつけたり悪口を言わないこと」と強く言う。

実践例から 事後の感想に,「書いてから発表だったので安心した」「ふだん考えないことを真剣に考えて面白かった」「友達と同じだったのでうれしかった」「A君はぼくが考えたのとまったく違っていたのでびっくりした」という以外に,「B君が1人でいっぱいしゃべってぼくの話す時間がなくつまらなかった」もあった。

_____月_____日

私の考え・思い・感情を表現する

組　　番　　名前

1．テーマに対する自分の考えを表の左に具体的に書き，理由を右に書きましょう。
2．書いたものをグループで発表し合う（質問してもよい）。時間は指示します。
3．グループの代表が，グループで出た意見を学級全体に発表する。
4．自分で書いたり友達の発表を聞いて，感じたこと・気づいたことを書く。

No.	テ　ー　マ	理　　　由
例	好きな食べ物　　すし，ピザ	すっぱいものが好き。大とろが口の中でトローンととける食感がたまらない。チーズとサラミのピザが最高！
①	好きな遊び	
	発表したり聞いて，感じたり気づいたこと	
②	欲しいもの（お金以外）	
	発表したり聞いて，感じたり気づいたこと	
③	なりたい職業	
	発表したり聞いて，感じたり気づいたこと	
④	行きたい国	
	発表したり聞いて，感じたり気づいたこと	

_____月_____日

わたしのほしいもの!?　　　組　　番　名前

1．わたしのほしいものと理由を書きましょう。ただしお金とドラえもんポケット以外です。

No.	わたしのほしいもの	理　　　由
例	家族から手紙付きの「父の日プレゼント」	もうすぐ父の日。何でもいいけれど，妻や3人の娘からもらいたい。そうすると元気になれそう。
1		
2		
3		
4		
5		

2．書いたものをグループで発表し合う（質問してもよい）。時間は指示します。
3．グループの代表が，グループで出た意見を学級全体に発表する。
4．自分で書いたり友達の発表を聞いて，感じたこと・気づいたことを書く。

　　　　　　　　　　　　　　　　　とても　まあまあ　ふつう　あまり　ぜんぜん
（1）エクササイズは楽しかったですか　　5　　　4　　　3　　　2　　　1
（2）エクササイズは簡単でしたか　　　　5　　　4　　　3　　　2　　　1
（3）エクササイズをやって，思ったり感じたり新しく気づいたことを書きましょう

_____月_____日

好き，すき，スキ！ゲーム　　　組　番　名前

あなたは何が好きですか？　友達は何がスキだろう？
自分の好きなものと理由やどんなところが好きかを書いてみよう。

No.	好きなもの	理　　　由
例	魚 　　　焼き魚	肉より魚が好き。特に焼き魚が好き。塩焼きもいいし，そのまま焼いて醤油をかけて食べるのも大好きだ。
①	動物	
②	歌	
③	花	
④	スポーツ	
⑤	乗り物	
⑥	アニメ	
⑦	（なんでも）	

〈エクササイズふりかえり表〉

	とても	まあまあ	ふつう	あまり	ぜんぜん
1　エクササイズは楽しかったですか	5	4	3	2	1
2　エクササイズは簡単でしたか	5	4	3	2	1

3　自分や友達の新しいことを発見できましたか。発見したことを書きましょう

4　エクササイズをやって感じたり気づいたことを書きましょう

_____月_____日

私の好きな人

組　　番　　名前

ねらい
・人とのかかわりを振り返る機会とする。
・自分の好きな人や尊敬する人をあげることにより，自分の好みや傾向に気づく。
・友達の発表を聞き，同じところや違うところを考えてみる。

No.	私の好きな人	理由3つ（くわしく，できれば具体的に）
例	身近な人 長女	①一緒にいて疲れない。気をつかわなくていい。 ②旅行に誘うとすぐのってくるから。 ③あまえてくれるから。
①	芸能人	① ② ③
②	学校	① ② ③
③	家族	① ② ③
④	友達	① ② ③
⑤	尊敬する人 or 見習いたい人	① ② ③
⑥	その他	① ② ③

エクササイズをして，感じたり，自分や友達のことで新しく気づいたことを書きましょう。

_____月_____日

ルールを守り，楽しい地理の時間にしましょう
知っている国，行ってみたい国，住んでみたい国はどこ？

組　　番　　名前

指示された国について書きましょう。理由も書きましょう。

No.	国	理　　由
例	行ったことのある国 **インド**	教え子がインドの大学に留学したのでたずねて行きました。20日もふらふらしてしまいました。
1	行ってみたい国 ① ② ③	
2	住んでみたい国	
3	興味のある国	
4	ふしぎな国	

〈エクササイズふりかえり表〉

　　　　　　　　　　　　　　　　　　　　とても　まあまあ　ふつう　あまり　ぜんぜん
(1) このエクササイズは楽しかったですか　　5　　　4　　　3　　　2　　　1
(2) このエクササイズは簡単でしたか　　　　5　　　4　　　3　　　2　　　1
(3) エクササイズをして，感じたことを書きましょう

(4) エクササイズをして，自分のこと友達のことで気づいたり新しい発見がありましたか

第4章 どんな学級にも使えるエクササイズ20選

第3群 失敗が少ない。体を動かす・協力する

広告パズル

(グループ) (20分)
(繰り返し可) (学活)
(他者理解・役割遂行)

おすすめポイント グループで協力してパズルを完成させる。友達と協力する楽しさを味わうエクササイズ。焦ってゲームをしているせいか，いままでの人間関係に関係なく，知らず知らず協力してしまう。友達のちょっとした手助けが妙にあたたかく感じられる。

チャンス

ちょっとした時間を楽しく使うのに有効である。エクササイズの実質時間は1回3分程度。学級にちょっとした刺激がほしいとき，パッとグループを決めてやると面白い。

手順

① 4～5人のグループをつくり，グループに1枚の広告を配布する。
② グループのメンバーで広告を20ピースにちぎってパズルをつくる。
③ 隣のグループとパズルを交換し，メンバーで協力して完成させる。
④ 2回目はより複雑にちぎり，今度は自分たちでパズルを完成させる（「自分たちで」はその場で発表する）。
⑤ ワークシートにしたがって，エクササイズの振り返りを行う。

コツ

・広告はグループによって有利不利が出ないよう，できるだけ同じようなものにする。
・ピースのちぎり方は自由。
・リーダーのデモンストレーションでテンポよく進める。
・早くできたグループへは「早かったね。だれがいちばん燃えたか話し合ってごらん」と指示し，全部のグループができるのを待つ。それほど時間の差はできない。
・机・いすを片づけて，床で行う。

実践例から 「それ，ここに入るんじゃない？」「あ，裏と表がごっちゃだからできないんだよ」。いつもおとなしいY君がグループの中心となって活躍していた。メンバーはY君の意外な面を発見して驚いていた。このように，急いでいるために，ふだんの人間関係と違う役割意識が誘発されることがある点が，このエクササイズのよさであり，面白さでもある。

出典：「『新聞紙パズル』で班の仲間と協力し合おう」，諸富祥彦ほか編『エンカウンターで学級づくりスタートダッシュ！　中学校編』図書文化　p.82-83

_____月_____日

広告パズル

組　番　名前

ねらい　・グループのメンバーで協力する楽しさを味わう
　　　　・自分の思ったことを，グループの中で遠慮なく言ったり行動したりする

●ルール
①グループのメンバーで，広告を20ピースにちぎってパズルをつくる。
②隣のグループとパズルを交換し，20ピースあるかどうか確認する。
③先生の指示で「用意，スタート」，パズルを完成させる。完成したら「完成，できた！」と大きな声で先生に合図しよう。「早く完成したところが優勝です」。
④使い終わった広告パズルは，まるめて袋に捨てる。
⑤2回目は，もっと複雑にちぎって……。

どうなっているんだ？　　　　　　　　　　　もうすぐ完成！

●ふりかえり表

	とても	まあまあ	ふつう	あまり	ぜんぜん
1　エクササイズは楽しかったですか	5	4	3	2	1
2　エクササイズは簡単でしたか	5	4	3	2	1

3　エクササイズをやって，感じたり気づいたことを書きましょう

●グループで感じたり気づいたことを出し合いましょう。

●学級全体に，グループまたは自分自身で感じたことや気づいたことを出し合いましょう。

第4章 どんな学級にも使えるエクササイズ20選

第3群 失敗が少ない。体を動かす・協力する

新聞紙タワー

（グループ）
（10分～20分）（繰り返し可）
（帰りの会）（協力）
（他者理解・自己理解）

おすすめポイント 新聞をできるだけ高く立てることを競うエクササイズ。書いたり頭を使ったりせず，みんなが意外で奇抜なアイデアを出しながら進めるので，気楽に一緒にできる。競争するので盛り上がる。気がついたら本音が出て協力して盛り上がるエクササイズである。

チャンス

ちょっとした時間に，みんなで盛り上がるエクササイズ。とくに親しくなくても，気がついたら一緒に協力してしまうエクササイズ。短時間で行うのがよい。親しくなくても一緒に協力できる。シェアリングで，意外な面が出され，やってよかったとなる場合が多い。

手順

①4～6人グループをつくり，各グループに2部新聞を配る。同じ枚数にすること。
②新聞紙だけを使って，できるだけ高いタワーをつくる。折っても，ちぎっても，丸めても，どのように使ってもかまわない。時間は10分（7分以降は，1分ごとに知らせる）。
③リーダーが「やめ」と言ったら，生徒はタワーから離れる。
④リーダーがタワーの高さを測る。順位を発表し，互いに賞賛する。
⑤ワークシートの「ふりかえり表」を使ってシェアリングをする。

コツ

・短時間のエクササイズなので，グループ編成も進行も手際よくパッパッと進めてしまう。「時間がない。今日は，このグループで」と進めてしまう。
・タワーが立たなかったグループへ，あまり親しくない者同士のグループには「残念だったね」。親しい者同士の場合は「なんでだろう」とちょっと考えさせる。

実践例から 学級会が早く終わり時間が余ったので，新聞を用意して行った。グループ編成でもめそうになったが，「時間がないからこれでやる」と，時間がないことを理由にスタートしたら，そのまま盛り上がった。シェアリングでは，「○○君が工夫してくれてよかった」「△△さんが，燃えてすごかった」など，ふだん学級では見ることができない友達の意外な面が見られてびっくりした，といった感想が多かった。

出典：鈴木由美「新聞紙タワー」田上不二夫編著『対人関係ゲームによる仲間づくり』金子書房　p.166-169

_____月_____日

新聞紙タワー

組　番　名前

みんなの知恵を結集して，いちばん高いタワーをつくろう！

●ねらい　グループで協力する楽しさを味わう

●手順
① 新聞紙だけを使って，グループで協力して，できるだけ高いタワーをつくる。
② 制限時間は10分（7分以降は，1分ごとに経過時間のアナウンスあり）。
③ 先生の「やめ！」の合図で，いっせいにタワーから離れる。
④ 先生がタワーの高さを測る。
⑤ 順位を発表し，互いに賞賛する。

←まずは土台づくりから！

どこまで高く→
できるかな？
新聞紙だけで
立つかな？

●エクササイズふりかえり表

		とても	まあまあ	ふつう	あまり	ぜんぜん
1	このエクササイズは楽しかったですか	5	4	3	2	1
2	このエクササイズは簡単でしたか	5	4	3	2	1

3　燃えてやったのはだれですか
4　ユニークなアイデアを出した人はだれですか
5　エクササイズをして，感じたことを書きましょう

6　エクササイズをして，自分や友達のことで気づいたり新しい発見を書きましょう

第4章 どんな学級にも使えるエクササイズ20選

第3群 失敗が少なく，楽しい

まほうのゆび

- グループ
- 20分
- 繰り返し可
- 学活・帰りの会
- 身体接触・他者理解

おすすめポイント 言葉を使わずに，友達の背中に指で書いた文字を当てるゲーム。多少の緊張はあるが，身体接触を自然に体験させることができる。また，話し合いが苦手な子でも参加しやすい。指で友達の背中に伝えるので，指のぬくもりや指で書く強さを感じやすい。

チャンス

「ワークシートを使ったエクササイズを何回かやり，ワークシートばかりではちょっとやりにくい，いつもの小グループにもあきてきた」。そんなとき，雰囲気を変えるために行うとよい。男女が一緒に活動するチャンスにもなる。

手順

① 5～10人グループになり，伝言ゲームの要領で，文字を背中に書いて順に伝える。
② 最後の生徒は，伝言された文字を紙に書く。すべてのチームが終了したら，文字を書いた紙を一斉にみんなに見せる。
③ 感想をグループの中で話し合い，代表がグループでの様子を学級全体に発表する。

コツ

・場所は，じゅうたんの部屋や体育館など，横になりリラックスできる空間がよい。
・親しい者同士の小グループを2つを一緒にして，新しい大きなグループでやってもよい。そのときに，男子，女子のグループを合わせてもよい。
・体操服でやるとやりやすい。
・どうしてもやりたくない生徒がいる場合には，リーダーのアシスタントとして準備を手伝わせたりして参加させる。

実践例から 生徒の感想。「ふだんあまり話さない友達や女子のグループだったけれど，無言でやるエクササイズは話さなくてよかったのでなんとなくできた」「友達の背中に書くときは強く書いたらいやがられると思ったので弱く書いたけれど，自分が書いてもらうときは強く書いてもらうほうがわかりやすいことがわかった」など。「わからないうちに終わった」は，初めての経験なので，それはそれでいい。

出典：いずれも筆者が書いたもの。「体のふれあいが心をほぐす」諸富祥彦編『エンカウンターこんなときこうする！ 中学校編』図書文化 p.100-103。「魔法の指」河村茂雄編『ワークシートによる教室復帰エクササイズ』図書文化 p.20-21

_____月_____日

まほうのゆび

組　番　名前

　みんなの指は「まほうのゆび」です。
　その指で，友達の背中に字を書いて，何という字か当てます。
　〈ねらい〉　・男女が同じチームで一緒に活動するきっかけにする。
　　　　　　・言葉を使わないで，体で伝える感じを味わう。
　　　　　　・友達の体にふれたとき，友達が自分の体にふれたときの感じを味わう。

●エクササイズのやり方
　①１番目の人は，先生から伝言する文字を聞く。例「かわ」「丸」「ね」など。
　②その文字を，２番目の人の背中に書く。同様に，最後の人まで順々に伝えていく。
　③最後の生徒は，伝言された文字を紙に書き，終了したことを先生に伝える。
　④すべてのチームが終了したら，文字を書いた紙を一斉にみんなに見せる。
　☆１番早くできたチームは４点，２位は３点，３位は２点，４位は１点。正解していたら５点プラスする。
　☆原則として，話をしてはいけない。「もう一度書いて」「わかった」は言ってもよいが，伝える文字を説明するようなことを言ってはいけない。

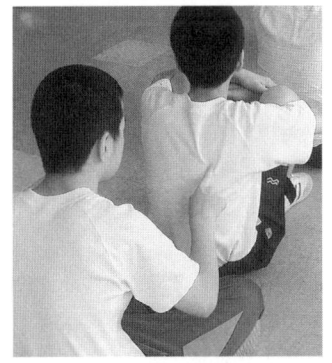

背中に文字を指で書く　　　　　書かれた文字を次の人に書く

〈エクササイズふりかえり表〉

		とても	まあまあ	ふつう	あまり	ぜんぜん
１	エクササイズは楽しかったですか	5	4	3	2	1
２	エクササイズは簡単でしたか	5	4	3	2	1

　３　エクササイズをやってどんなことを感じましたか。何か気づいたことはありますか

●グループの代表が，グループでの様子を学級全体に発表しましょう。

第4章 どんな学級にも使えるエクササイズ20選

第3群 失敗が少ない。体を動かす・協力する

すごろくトーク

(グループ) (20分～50分)
(質問内容を変えて繰り返し可)
(学活)
(自己開示・他者理解)

おすすめポイント さいころで出た目の数だけ進み，指示された内容を話す。どんなマスに止まるかワクワクする。ゴールをめざして夢中になり，指示された内容に思わず本音で話してしまう。自分たちで質問内容を考え，みんなで進めていくのが面白い。

チャンス

自分たちですごろくを作り，ゴールをめざして競争する。できるだけ「いじわるな目」を作り，それを楽しむ人間関係を育てたい。ふだんは力の弱い者が「いじわるな目」によって強い者へ指示できるから，「おたがいさま」という感覚を養うチャンスである。

手順

①5人程度のグループですごろくを作る。
②順番にさいころを振り，止まったマスのテーマで話をする。
③制限時間は20分とする。
④エクササイズの振り返りをする。

コツ

・友達が話すときは，ほかの人は話さないで聞くことを徹底する。
・すごろくのマス（質問内容）を各グループまたは学級代表に作らせるとよい。生徒の生活に密着した質問になって盛り上がる。ただしリーダーのチェックは必要。
・「今日の朝食は何ですか」のような普通のマスの他に，「好きな歌を30秒大声で歌う」「鳥の鳴きまねをする」のような少し意地悪なマスを作ると盛り上がる。
・あがれない生徒がいても時間になったら終了する。先に終わったグループは2回目をやらせる。

実践例から ふだんあまり自分の意見を聞いてもらえないM君は，すごろくで「静かに自分の話を聞いてもらい，聞いてもらうってこんなにうれしいことだと知った」と話した。
自分たちが作ったすごろくで，ふだん会話の少ない友達とも楽しくやっていた。

出典：「スゴロクトーキング」國分康孝監修『エンカウンターで学級が変わる ショートエクササイズ集』
図書文化 p.138

すごろくトーク

作成のすごろく
「あがり」をめざしてがんばろう！

〈手順〉①さいころをふって出た目の数だけ進み，そのマスのテーマで1人1分間話をする。
　　　　②順に同じようにする。
　　　　③無事に「あがり」になれば終了。

〈エクササイズのふりかえり〉

	とても	まあまあ	ふつう	あまり	ぜんぜん
1　このエクササイズは楽しかったですか	5	4	3	2	1
2　このエクササイズは簡単でしたか	5	4	3	2	1

3　エクササイズをして，感じたことを書きましょう

4　エクササイズをして，自分や友達のことで，気づいたり新しい発見を書きましょう

●グループの代表は，グループでの様子を学級全体に発表してください。

第4章　どんな学級にも使えるエクササイズ20選

第3群　失敗が少ない。体を動かす・協力する

新聞紙の使い道

（グループ）
（50分）（学活）
（自己開示・自己理解・他者理解）

おすすめポイント　新聞紙の使い道をたくさん考え，それをジェスチャーで伝える。「話さない」という制約が，ふだんと違う雰囲気や行動を引き出す。その意外さが面白さになり親近感を高める。ふだんはおとなしい生徒でも，どんどんアイデアを出したり，ジェスチャーがわかりやすかったりと意外な面が表れやすい。

チャンス

1時間確保してから進める。ほかのエクササイズを3〜4回やったあとのほうがよい。言葉を使わないので，新しい人間関係ができやすい。

手順

①新聞紙を用意。ウォーミングアップ（3章参照）をして，6人グループをつくる。
②10分間，グループのメンバーが新聞紙の使い道を考え，ジェスチャーで示す。記録者がかたっぱしからそれを記録する。
③書いたアイデアを数えて，数の多いグループから優勝，2位，3位，として拍手を送る。
④感じたこと，自分や友達のことで発見したことを語り合う。

コツ

・リーダーが，「イスの使い道」でジェスチャーのデモンストレーションを楽しそうにわかりやすく行う。
・時間配分に気をつける。アイデアがあまり出ずにジェスチャーが途切れがちになったときは，はじめに10分と指示していても早めに切り上げてもよい。
・記録係は少し機転の利く生徒を選ぶようにする（無理にする必要はない）。
・まったくジェスチャーができない生徒がいるので，エクササイズを巡回しながら，「パスしてもいいんだよ」など手助けしてあげるとよい。

実践例から　ふだんやらない行動を体験するので，生徒はなかなかできなくて戸惑うが，それが新鮮な面白味のある体験となる。以下，生徒の感想から。「ふだんおとなしいA君のジェスチャーが面白かった」「Bさんは何もしないかと思ったらいろいろ考えてくれた」「Cさんは1つだけで，パスばかりだった。つまらね〜」

出典：簗瀬のり子「新聞紙の使い道」國分康孝監修・片野智治編集『エンカウンターで学級が変わる　中学校編』図書文化　p.183-185をもとにしている。

_____月_____日

新聞紙の使い道

組　　番　　名前

ねらい　言葉を使わないで考えや気持ちを伝えたり受け取ったりする体験を通して、友達をよく知る。

1. エクササイズ

ルール	・新聞紙の使い道を5人が考え、ジェスチャーで記録者に伝えます。 ・記録者は、ジェスチャーがわかれば紙に記録します。何度やってもわからなければ、パスをしてもいいです。パスもジェスチャーです。 ・新聞紙の使い道をたくさん出したグループが勝ちです。 ・声を出したり口を動かしてはいけません。記録者も声を出してはいけません。

(1) 記録者を決めてください。記録者　　　　　　　　　　
(2) 先生の合図で、10分間、記録者はこの欄や裏にどんどん書いてください。

(3) グループで考えた「新聞紙の使い道」を数えてください。　　　　　個
(4) 各グループの数を発表してください。

2. シェアリング

(1) このエクササイズ「新聞紙の使い道」で感じたこと、自分や友達のことで新しい発見をグループで語り合いましょう。
(2) どんな話が出たか、発表しましょう。

出典：簗瀬のり子「新聞紙の使い道」國分康孝監修・片野智治編集『エンカウンターで学級が変わる　中学校編』図書文化　p.183-185をもとにしている。

第3群 失敗が少ない。体を動かす・協力する

コラージュ

（個人・掲示）（50分～100分）
（繰り返し可）
（学活・道徳・総合の時間）
（自己表現）

おすすめポイント 文章に書いたり，言葉で話したりするのはいやだ，ジェスチャーはもっといやだという生徒におすすめのエクササイズ。まだ本音が出しにくい学級でも，コラージュなら上手・きれいなどを判断しにくいので，自分を表現しやすい。

チャンス

まとまらない学級だがみんなで何か一緒にやりたいとき，ワークシートを使ったエクササイズばかりでなく，違うことをやりたいときに行うエクササイズ。作業自体は1人でやるが，みんなでワイワイガヤガヤやるので楽しくできる。

手順

【準備するもの】広告・雑誌・写真等の切り取る素材，はさみ，のり，ごみ袋，台紙（ケント紙等少し厚めの白紙，A4～B4），タイトルを書くカラーペン

①広告や雑誌の気に入った部分を切り抜き，自由に台紙にはり付けていく。
②作品が完成したら，タイトルを付ける。
③みんなの作品を教室に掲示する。

コツ

・作業に入る前に，教師が作ったコラージュを見せるとよい。タイトルをつけておき，簡単な説明をする。そのときに遠慮しないで得意そうにノリノリで説明をする。
・1回目は「考えているうちに終わったので，もう一度やりたい」という生徒が多い。できれば早めに2回目を，グループでやるとよい。

実践例から 生徒の感想。「何を作ればよいかわからず，むずかしかった」「自分の好きなようにすればいいし，やり直しができたので楽しかった」「できるまで，はるものを選ぶのが楽しかった。もっと，時間がほしかった」「工夫していろいろ切ったりできていくのが楽しかった」「教室にはってあるみんなの作品を，友達と放課後見ながら批評していくのが面白かった。なんとなく，みんなその人らしいと思った」

出典：「共同コラージュ」國分康孝監修『エンカウンターで学級が変わる　中学校編パート3』図書文化　p.192

_____月_____日

コラージュ　自分のいまの気持ちをコラージュで表現しよう！

組　　番　名前

● エクササイズのやり方
　①広告や雑誌の気に入った部分を切り抜き，自由に台紙にはり付けていきます。
　②作品が完成したら，すきなタイトルを付けましょう。
　※完成したみんなの作品は，あとで教室に掲示します。

どんどん切り抜こう！

思いどおりにつくろう！

● エクササイズふりかえり表

		とても	まあまあ	ふつう	あまり	ぜんぜん
1	エクササイズは楽しかったですか	5	4	3	2	1
2	エクササイズは簡単でしたか	5	4	3	2	1

　3　エクササイズをやって，感じたり気づいたことを書きましょう

第4章 どんな学級にも使えるエクササイズ20選

第4群 何回かエンカウンター実施後に。グループづくりに少し配慮して

ビンゴ

(個人＋学級)
(10〜20分) (繰り返し可)
(学活・帰りの会)
(自己開示・他者理解)

おすすめポイント ゲーム感覚で進められるので，生徒は乗りやすく楽しいムードでできる。自己開示を織り交ぜながら，みんなで一緒に楽しめると，集団の印象も楽しいものになる。競争意識をかりたたせて，たくさん意見を出させたいときにはもってこい。普段おとなしい生徒でも1位になるチャンスがある。

チャンス

　学級開きで，生徒の名前を覚えるため，担任のことをいろいろ知るためにゲーム感覚でやると面白い。小グループに分かれている「こまった学級」でも，行事や何か盛り上がったことをテーマに，何でもビンゴにすると繰り返し楽しめる。

手順

①本日のテーマにそって，ワークシートに書き込む。「時間は○分」と指示する。
②リーダーが生徒を次々に指名し，指名された生徒は書いた言葉を発表していく。
③友達が発表した言葉を自分も書いていたら○をつけ，縦，横，ななめいずれかの列がそろったら「ビンゴ！」。
④全員ビンゴまでが理想だが，時間，だいたいの人数，内容などで適宜終了する。
⑤勝者を賞賛し，振り返りを行う。

コツ

・生徒の要望や反応をキャッチし，それに応えたビンゴを行うこと。リーダー主導で進めすぎると，盛り上がりに欠けてしまう場合がある。
・正誤が問われる場合も，できるだけ素早く判断して次へ進める。
・早くビンゴになった生徒には，もう1列ビンゴになるように挑戦させるとよい。

実践例から ルールを明確に決めて正解をわかりやすくしておかないと，「このくらいいいじゃないか」というケースが出てきて，楽しめなくなることがあった。例えば，ヨーグルトは飲むものか食べるものか，スイカは野菜か果物かなど。どうしても判断が割れるときには，いろいろな意見がでることそのものを楽しめるようにしたい。

出典：品田笑子「ビンゴ」國分康孝監修・河村茂雄ほか編集『エンカウンターで総合が変わる・小学校編』図書文化　p.42-43

_____月_____日

ザ・ビンゴ

組　番　名前

今日のテーマ　[　　　　　　　　　　　　]

■やり方
① テーマに合った言葉で枠内を埋めます。例：「動物」のとき→ライオン，パンダ，サル……
② 先生に指名されたら，自分が書いたものの中から1つ発表してください。友達が発表した言葉を自分も書いていたら，その言葉に〇印をつけてください。
③ 縦，横，ななめいずれかの列であと1つになったら大きな声で「リーチ！」，列がそろったら「ビンゴ！」と言います。

〇今日は，9マス・16マス・25マスでやります。

　　　　　　　　　　　　　　　　9マス　　　16マス　　　25マス

■ビンゴをして感じたこと・気づいたことを書きましょう

_____月_____日

知ってるつもり!?　□　先生のビンゴゲーム

　　　　　　　　　　　　　　　　　　　組　　番　名前

■先生のことをもっとよく知ってもらうために，ビンゴゲームをします。下の①～⑨までの質問について，「私」の欄に，あなたが思う答えを書きましょう。時間は7分です。

質問	① 好きな食べ物	② 家　族	③ 部活動
私		人	部
正解		人	部
質問	④ 何の教科担任	⑤ 名　前	⑥ くちぐせ
私	科		
正解	科		
質問	⑦ 好きなTV	⑧ モットー	⑨ 趣味・特技
私			
正解			

■ビンゴゲームのやり方
①先生に指名されたら「何番は○○です」と答えます（ときどき理由も聞くかもしれません）。合っていたら，先生が「正解です」と言います。間違っていたら「ブブー」と言います。
②正解の場合は，自分のワークシートにマーカーで○をつけます。間違っていた場合は，「正解」の欄に正しい答えを書きます。
③縦，横，ななめであと1つとなったら「リーチ」と大きな声で言います。
④縦，横，ななめで，全部正解になったら，「ビンゴ」と大きな声で言います。1つビンゴができた人は，もう1つビンゴができるよう挑戦してみましょう。

■エクササイズふりかえり表

	とても	まあまあ	ふつう	あまり	ぜんぜん
1　エクササイズは楽しかったですか	5	4	3	2	1
2　エクササイズは簡単でしたか	5	4	3	2	1
3　いままでの自分より，もっと自分を知ることができましたか	5	4	3	2	1
4　友達のことを知ることができましたか	5	4	3	2	1

5　エクササイズをやって，感じたり気づいたことを書きましょう

出典：品田笑子「先生とビンゴ」國分康孝監修，林伸一ほか編『エンカウンターで学級が変わる　ショートエクササイズ集』図書文化　p.54-55

_____月_____日

私はだれでしょうビンゴ　　　　組　　番　　名前

　今日は，以前に記入してもらった「自己紹介シート」を使って，ビンゴゲームをしましょう。クラスの友達のことをどれくらい知っているかな？

■やり方
①自分を除いた学級全員の名前を，下の36マスの中に自由に書き入れます。もしマスが余ったら自分かだれかの名前を2回書いてください。
②先生がみなさんの「自己紹介シート」を読みあげるので，みなさんはだれの自己紹介かを当ててください。わかったら，手をあげて友達の名前を言ってください。
③正解が発表されたら，「ビンゴシート」の名前に○をつけてください。
④縦，横，ななめ，いずれかが一列そろったらビンゴです。ラスト1マスになったら大きな声で「リーチ」，列がそろったら「ビンゴ！」と言って手をあげましょう。

出典：諸富祥彦ほか編『エンカウンターで学級づくりスタートダッシュ！　中学校編』図書文化　p.62-63

第4章 どんな学級にも使えるエクササイズ20選

第4群 何回かエンカウンター実施後に。グループづくりに少し配慮して

私もなかなかできるじゃん！

（グループ）（50分）
（テーマを変えて繰り返し可）
（定期テスト計画前）
（自己開示・他者理解）

おすすめポイント 過去の自分を振り返り，努力したり工夫したことを思い出す。それによってもう一度がんばろうと奮起することができる。また，友達の努力を聞くことにより，自分もがんばろうと思える。友達の意外な工夫を知ったり，自分と同じことで悩んでいることがわかると共感することができる。

チャンス

　定期テストの計画を立てる前。勉強や学習のことだけでなく，小学校のときのことも含めて，自分の得意なことやできることをみんなに披露できる場を設定することにより，これからもいろいろなことにチャレンジする気持ちを高めたい。グループは，なりたい者同士が無難である。可能ならば，もちろん自由に決めてよい。

手順

①事前に，「いままでのよかった自分を思い出しておきなさい」と伝えておく。
②いままでのテストでよかったときとその理由などを書く。
③グループになって，「これから自分がやろうと思っていること」を発表し合う。
④友達の発表を聞いて「よかった」「まねしよう」と思うことをワークシートに書く。

コツ

・詳しくは覚えていなくても，だいたいでよいからどんどん書かせる。
・恥ずかしがる生徒もいるので，見せたくない生徒は見せなくてもよいことを伝える。
・「なぜよかったのか」は具体的に書かせる。「がんばったから」とだけ書いていれば，「何を？　時間にすると？　そのとき工夫したことは？」などと聞く。
・ワークシートは定期テスト用だが，スポーツ，習いごと等，ふだん見ることができない面をテーマにするといろいろ使える。

実践例から　実施後，成績が下降気味な生徒が近寄ってきて，「先生，おれも1年生のとき，がんばっていたんだよ」「○○君と一緒に勉強しようかな」と，いつも一緒にいる友達とは違う生徒の名前をあげていた。エクササイズ中のシェアリングだけでなく，給食や放課後に何気なく話してくることもシェアリングと受け止め，大切にしたい。

_____月_____日

私もなかなかできるじゃん！

組　　番　　名前

いままでのよかった自分を振り返り，そのときどのような努力や工夫をしていたか思い出してみよう。また，友達のやり方の工夫を聞いて，自分の参考にしよう。

1．いままでの中間・期末テストでとてもよかったときは？（だいたいでよい）

　　例　2年生，1学期，中間テスト，教科は社会，95点

(1)　　　年生，　　　期，　　　テスト，教科は　　　，　　　点
(2)　　　年生，　　　期，　　　テスト，教科は　　　，　　　点
(3)　　　年生，　　　期，　　　テスト，教科は　　　，　　　点

2．どうしてこんなによかったのだろう，うまくできたのだろう？（どんなに小さいことでも書く）

　　例　教科書を2回読んだから

①

②

③

④

⑤

⑥

⑦

⑧

3．今回できるのは，①～⑧の何番ですか。他に今回できることは？
　(1) 今回できる番号　　　　　　　　　番
　(2) 今回，ほかに挑戦できること

4．グループで，自分がやろうと思っていることを発表しよう。
　（「うんうん」と聞く。絶対けなしたり悪口を言ってはいけない。「それはいいねえ」とほめるのはよい）

5．友達の発表を聞いて，「よかった」「まねをしてみよう」と思ったことを書こう。

第4章 どんな学級にも使えるエクササイズ20選

第4群 何回かエンカウンター実施後に。グループづくりに少し配慮して

私の心とご対面

(グループ) (10分)
(3回1セット) (帰りの会)
(自己開示・自己理解・他者理解)

おすすめポイント 1日1つなので,あまりうちとけていない者同士でもできる。1つのテーマに基づいて思うままに書くことにより,ふだん自分がどのように感じたり思ったりしているかを明確にできる。また,発表を聞くことで友達への理解を深めたり,違った考え方があることを知る。

チャンス
短時間でできる。帰りの会の時間で10分程度,週に1～2回のペースで継続すれば,確実にできるようになる。

手順
①4～5人のグループになる。短時間で終わるので手短かにグループづくりをする。
②ワークシートを配布して,リーダーが今日のテーマを伝え,モデルを示す。
③テーマにそって,ワークシートの「事実・感想・考え」の欄を記入する(3分)。
④書いた内容をグループの中で発表し合う。書いていないことを発表してもよい(2分)。
⑤ワークシートの「感じたこと・考えたこと」の欄を書く。
⑥慣れてきたら,学級で1～2名発表する。

コツ
・こまった学級の場合は,グループは必ずリーダーが決める。文句を言う生徒が出ても,「今日は,これでやります」と言い切って進める。終わってから,このグループでどうだったかを聞き,どうしても無理な場合は,次回は,少し考えればよい。
・短時間ですべてを行うのがコツ。アッと言う間に終わるくらいさっさと進める。
・テーマは,季節の風物詩や○○の日を取り上げるとよい。いまの時代は季節感がないからこそ,子どもたちに季節を感じさせたり振り返らせたりしたい。

実践例から 短時間で・手際よい指示で・面白くわかりやすいモデルだとうまくいった。それを何回も繰り返すと,結果として成功した。モデルをいいかげんにすると,いいかげんなことしか生徒は書かなかった。

出典:明里康弘「私の心とご対面」國分康孝監修・林伸一ほか編『エンカウンターで学級が変わる ショートエクササイズ集』図書文化 p.140-141

_____月_____日

私の心とご対面

組　　番　　名前

1. 今日のテーマにそって、自分が考えたことを「事実・感想・考え」の欄に書きましょう。
2. 書いたものをグループの中で発表しましょう。書いていないことを発表してもよいです。
3. 書いたり聞いたりして、自分や友達のことで感じたこと・考えたことを右に書きましょう。
4. 時間があれば、グループの代表が、話し合いの様子を学級全体に発表しましょう。

No.	今日のテーマ	事実・感想・考え	発表を聞いて感じたこと・考えたこと
例	5月 8日（金）母の日	昨年は「母の日」には何もしなかった。今年は、恥ずかしいけれど、何かプレゼントしようと思う。何がいいかわからない。	山田君は、すごいと思った。家族で何か食べるものを1つずつ作るなんてすごい。ぼくは、何もできないのがわかった。
①	月　　日（　　）		
②	月　　日（　　）		
③	月　　日（　　）		

●最後まで終えたら感想を書きましょう。

　　　　　　　　　　　　　　　　　　　　　　とても　まあまあ　ふつう　あまり　ぜんぜん
1　このエクササイズは楽しかったですか　　　　5　　　4　　　3　　　2　　　1
2　このエクササイズは簡単でしたか　　　　　　5　　　4　　　3　　　2　　　1
3　やってみて、感じたこと・気づいたことを書きましょう

第4章 どんな学級にも使えるエクササイズ20選

第5群 グループづくりに配慮して，心を育てる

ありがとうシリーズ

（グループ）
（10分～50分）（繰り返し可）
（帰りの会・道徳）
（自己開示・自己理解・他者理解）

おすすめポイント 感謝の気持ちを「ありがとう」という言葉で表現するチャンスを何度もつくることで，『感謝→人に支えられている→人と支え合う→私も人の役に立ちたい』という価値観を育てていく。「よいところ探し」で具体的なことをたくさんあげられるようになってから行うと効果的。

チャンス

行事が終わったあとは「よいところ探し」を，行事がなくても考えさせたいときにこの「ありがとうシリーズ」を行う。ワークシートを使うと1時間扱いになるが，「今日は1つ」とすると，短時間でもできる。

手順

①4人程度のグループをつくる。
②自分自身を振り返り，言われてうれしかった言葉，感謝したい経験などを書き出す。
③書いたものを，グループの中で順番に発表し合う。質問してもよい。
④エクササイズの感想を書く。
⑤グループの代表が，グループでの様子を学級全体に発表する。

コツ

・リーダーがいろいろなモデルを示すとよい。示されて「ああ，そうか」と気づくことも多い。友達の発表を聞いて気づく場合もある。
・グループで発表する雰囲気ができない場合は，ワークシートを掲示するのでもよい。この場合は事前に掲示することを伝える。
・少々むずかしいエクササイズだが，繰り返して，少しずつできるようになればよい。

> **実践例から** 「私の心をあたたかくしてくれたことば」をやったとき，乱暴者のK君が「おれは，そんな言葉をかけてもらったことなんかない。だから書けない」と書いて教室を飛び出してしまった。半分の生徒が何も書いていなかったが，半分の生徒は1つは書いていた。それでいいと思う。振り返って，振り返って言葉を探す。友達のワークシートを掲示したところ，「そのくらいなら，おれだってある」と言った生徒がいた。小さな「ありがとう」を見つけて喜ぶ作業が大切だと思う。

_____月_____日

たくさんのありがとうをありがとう　　組　番　名前

　私たちは，友達，家族，先輩，先生をはじめ，まわりの人とかかわりながら，助けられながら生きています。しかし，忙しかったり，恥ずかしかったりして，「ありがとう」を言わないまま過ぎ去っていることが多くあります。君がありがとうと感謝を伝えたいときは，どんなときですか。振り返ってみましょう。

1．「ありがとう」と言いたいとき，言ったときは，どんなときですか。3つに分けて書いてみましょう。

ものをもらったとき	助けてもらったとき 行動や行為	気持ちをもらったとき 言葉ややさしさ
（例）夏休みの宿題をやっていたら，お母さんが私の大好きなパンを買ってくれた。	（例）放課後，社会科の掲示物をやっていたら，明里君が部活動を休んで手伝ってくれた。	（例）試合に負け，がっかりしていたとき，「そういうときもあるさ，次，一緒にがんばろう！」と康弘君が言ってくれてうれしかった。

2．書いたものを，グループの中で発表し合いましょう。書いていないことを発表してもよいです。

3．エクササイズの感想を書きましょう。

　　　　　　　　　　　　　　　　　　　　とても　まあまあ　ふつう　あまり　ぜんぜん
　1　このエクササイズは楽しかったですか　　5　　　4　　　3　　　2　　　1
　2　このエクササイズは簡単でしたか　　　　5　　　4　　　3　　　2　　　1
　3　エクササイズを通して感じたこと，自分や友達のことで，気づいたことや新しい発見を書きましょう

4．グループの代表が，グループでの様子を学級全体に発表しましょう。

_____月_____日

私の心をあたたかくしてくれた言葉

組　　番　名前

　私たちは，毎日たくさんの人と接して過ごしています。いろいろなことがあって，苦しくなるとき，悲しくなるとき，やるせなくなるときもあります。そんなとき，身近なだれかの言葉が，妙にあたたかくて，その言葉が私を元気にしてくれ，私の心を支えてくれることがあります。

■あなたを元気にしてくれた言葉を枠の中に，そのときのあなたの気持ちを枠の下に書きましょう。

言葉　For You！

そのときの気持ちは？
例　ぼくはラオスに友達がいる。その友達がよく言う言葉が「For you！」（あなたのために）である。20mもの高いヤシの木にはだしでスルスルッとのぼって，ヤシの実を取ってくれた。そしてぼくに「For you！」と言ってくれた。なまぬるくってまずかった。あるときカエルが出てきた。さっともりで捕まえた。「Delicious !! For you！」（おいしいよ。君のために取った）と言われた。ぼくのためにいろいろしてくれているのがわかって，とてもうれしかった。ぼくもがんばろうと思った。

言葉

そのときの気持ちは？

言葉

そのときの気持ちは？

言葉

そのときの気持ちは？

【部活動用】

平成＿＿年度＿＿＿＿＿部　ごくろうさま会

ありがとう

> 部活動でがんばった写真をはる
>
> まわりには写真の人に対する感謝の言葉を寄せ書きにする。

さんへ

１年間，君と一緒に＿＿＿＿＿部をがんばり続けることができました

　　　ここに感謝の言葉を伝えます

　　　　　　年　　月　　日

> 宛名シール使用。あらかじめ，家族に書いてもらったひとことをはっておく（担任もよい）

第4章 どんな学級にも使えるエクササイズ20選

第5群 グループづくりに配慮して，心を育てる

感情をグラフで表そう

(グループ) (50分)
(1週ごと繰り返し可)
(学活・道徳)
(自己理解・他者理解)

おすすめポイント 友達の感情を互いに知る機会にもなるが，自分のことを内省させるのが第一の目的。感情を表現したり知るエクササイズはあまりなく，慣れないとむずかしいことがある。一人ではなかなかやれない，みんながやるからやるという軽い感覚でやればいい。

チャンス

学活や道徳の時間を使って，一人一人の生徒の生活を振り返らせたいと思うときにやる。書く時間，考える時間はじっくりとりたい。「もう書くことがない」という生徒が出ても，必要な生徒に合わせてきちんと時間をとりたい。

手順

①グループをつくる。
②今日を含めた6日間のできごとと感情の起伏（高低）を書く。書く時間をしっかりとる。書いている間は静かな音楽を流す。
③書いたものをグループの中で発表する。できごとそのものより，感情がどうして高くなっているのか，どうして落ち込んでいるのかを説明する。
④ワークシートに感想を書き，グループの中で時間と順番を決めて発表する。学級全体に1～2人発表させる。

コツ

・大人の場合は，何十年も生きているので今までの人生を振り返らせることが多いが，生徒の場合は，大きなできごともないので，1週間をていねいに振り返らせるのがよい。
・リーダーがモデルを示す。「ここが高くなっているのはね，○○先生に，わがクラスの理科の授業をほめられたからだよ。先生はものすごくうれしかったんだよ。ここがドーンと落ち込んでいるのは，娘とけんかしたからだよ。いつまでも携帯電話で話をしているから，いいかげんにしろと怒鳴ってしまったんだ」。

実践例から 生徒の感想から。「オレは何かあるとすぐ落ち込むのがわかった」「友達の心の様子がわかって面白かった。あのとき，ああ，そうだったのかとわかった」

出典：「わたしの感情グラフ」國分康孝監修・林伸一ほか編『エンカウンターで学級が変わる ショートエクササイズ集』図書文化　p.196-197　川瀬正裕ほか編『新　自分さがしの心理学』ナカニシヤ出版　p.131-134

_____月_____日

感情をグラフで表そう

組　　番　　名前

1．自分の感情のグラフを書きましょう。

日						
曜日						
＋ ↑ ０ ↓ －						
できごと						

０を基準に，感情の浮き沈みを＋の方向と－の方向に表し，１本の線でグラフにしてみよう!!

2．書いたものを，グループの中で発表し合いましょう。質問してもよいです。

3．エクササイズの感想を書きましょう。

　　　　　　　　　　　　　　　　　　　　とても　まあまあ　ふつう　あまり　ぜんぜん
　1　このエクササイズは楽しかったですか　　5　　　4　　　3　　　2　　　1
　2　このエクササイズは簡単でしたか　　　　5　　　4　　　3　　　2　　　1
　3　エクササイズをして，感じたことを書きましょう

　4　エクササイズをして，自分や友達のことで，気づいたり新しい発見を書きましょう

4．グループの代表が，グループでの様子を学級全体に発表しましょう。

第4章 どんな学級にも使えるエクササイズ20選

第5群 グループづくりに配慮して，心を育てる

私のプレゼント

(グループ) (50分)
(期間をあけて繰り返し)
(学活・道徳・総合の時間)
(自己開示・自己表現)

おすすめポイント 楽しい雰囲気の中で本音にふれ，行動に移すところまでいけるエクササイズ。ふだんあまり考えないで過ごしている人間関係を振り返ることができる。交流の少ない生徒の意見を聞くことにより，感謝の思いを表現するいろいろな方法を知ることができる。

チャンス

節目をうまく使うと効果が上がる。学年末がいちばん効果的だが，年末，クリスマス，学期末などを使うとよい。親しい友達だけでなく，ふだん交流の少ない生徒と一緒にエクササイズをすることにより，友達のよさを知るだけでなく，まねをしたくなる。

手順

① 5人程度のグループをつくる。親しい者同士ではないほうがかえってやりやすい。
② ワークシートに従って，「だれに・何を・なぜ」プレゼントしたいかを書く。
③ 書いたことをグループの中で発表し合う。
④ エクササイズの感想を書く。グループの代表が話し合いの様子を全体に発表する。

コツ

・自分では考えがおよばない生徒にも，教師のモデルや友達の意見を聞くことにより，やってみようかなと思わせることができる。
・個人で書き，グループで話し合い，さらに全体で発表したり友達の意見を聞くことにより深まっていく。考える，発表する，聞くを繰り返すことにより，自分のやりたいことやできることが明確に見えてくる。

実践例から 父親へのプレゼントが思い浮かばない生徒が多かったが，友達の意見が参考になり，考えさせられたようだった。感謝の思いがシェアリングの中から自然とわき，押しつけにならないのがよかった。以下，生徒の感想から。「あらためて家族のことを考えることができた。いろいろお世話になったことが浮かんだ」「どのように感謝すればよいかわからなかった。でも，友達の話を聞いて，自分にもできる方法があった。それなら，やってみようと思った」「ふだんあまり話さない友達から，『すげえ！意外と考えているんだね。おれもまねしようかな？』と言われ，うれしかった」。

出典：明里康弘「From me To you」，諸富祥彦ほか編『中学校「道徳シート」とエンカウンターで進める道徳』明治図書 p.50-56

_____月_____日

私のプレゼント

組　　番　　名前

　私たちは一人で生きているのではありません。知らないうちにたくさんの人にお世話になりながら生きています。感謝の気持ちがあっても忙しく，お世話になった人や迷惑をかけた人に，なかなかお礼を言うチャンスがありません。そこで，感謝の気持ちを込めてプレゼントを贈りたいと思います。

①贈りたい人を書きます。家族や近くにいる人をあげるとよいでしょう。最後は，「先生」と呼ばれる人です。
②次に，贈りたい品物を書きます。どうしてその人にその品物を贈りたいのか，その理由と，そのプレゼントに添える『贈ることば』を書きます。

	贈りたい人	プレゼント品	理由・『贈ることば』
例	お父さん	めがねケース	いつも「めがね，めがね？」と探すお父さん。近眼と思っていたら，お母さんに老眼と教えられてショックだった。『そのやさしい目で，いつまでも私を見守ってね』
1			
2			
3			
4			
5	先生		

☆書いているとき，自分が発表しているとき，友達の発表を聞いているときに，感じたこと気づいたことを書きましょう。

第4章 どんな学級にも使えるエクササイズ20選

第6群 コツコツと積み上げていけばできる

私は私が好きです。なぜならば…

(グループ) (20分)
(何度か繰り返して学年末へ)
(学活・帰りの会)
(自己開示・自己理解)

おすすめポイント 本来は自己肯定感を高めたり確認したりするエクササイズ。だがエンカウンターを始めるときと学年末に2回実施し,その比較を通して自己の成長に気づかせることもできる。同じワークシートを2回使うことにより,生徒は自分の成長に気づき満足するはずである。

チャンス

グループエンカウンターを始めようとしたときと学年末の2回。楽しいエクササイズではないので,「こまった学級」では,みんないやがって取り組もうとしないが,コツコツと積み上げていくつもりで取り組む。

手順

①5人グループをつくる。1回目は仲のよいグループ,2回目は生活班がよい。
②ワークシートに「私は私が好きです。なぜならば…」に続けて自分のよい面を書く。
③グループの中で発表し合う。
④感想を書く。グループの代表が,グループでの様子を学級全体に発表する。
⑤上記③④は1回目は無理そうであればさらっと流す。

コツ

・1回目は淡々と実施する。「書けない,こんなのムリ」と言って,白紙の状態で提出する生徒が多い。2回目は,1回目の紙を配り,その上に書かせる。2回目はたくさん,そして具体的に書けるようになった自分を発見させることができる。シェアリングでも,いろいろな意見が出てくるようになる。

・自分のよい面をなかなか思いつけないときは,無理に書かなくてよい。

実践例から ふだんから批判的なA君。1回目は,「こんなエクササイズ,ムリ。面白くない」とぶつぶつ言いながらも,ようやく1つだけ書いて提出した。学年末に実施した2回目では10個すべてを埋められ,自分の成長を実感できたようだ。「いままでエクササイズをたくさんやったので,たくさん書けた。よかった」と感想を書いていた。2回目は,小さなこと,ちょっとしたこと,何でもないようなことでも「好き」と書いていた。

出典:「私は私が好きです。なぜならば…」國分康孝・國分久子編集代表『構成的グループエンカウンター事典』図書文化 p.182-183

_____月_____日

私は私が好きです。なぜならば…

　　　　　　　　　　　　　　　　　　組　　番　名前

1. 「私は私が好きです。なぜならば」に続けて書きましょう。なぜ，私が好きなのか理由をわかりやすく書きましょう。　例　私は私が好きです。なぜならば，係の仕事をするからです。

    1　私は私が好きです。なぜならば
    _____（だから）です。

    2　私は私が好きです。なぜならば
    _____（だから）です。

    3　私は私が好きです。なぜならば
    _____（だから）です。

    4　私は私が好きです。なぜならば
    _____（だから）です。

    5　私は私が好きです。なぜならば
    _____（だから）です。

    6　私は私が好きです。なぜならば
    _____（だから）です。

    7　私は私が好きです。なぜならば
    _____（だから）です。

    8　私は私が好きです。なぜならば
    _____（だから）です。

    9　私は私が好きです。なぜならば
    _____（だから）です。

    10　私は私が好きです。なぜならば
    _____（だから）です。

2. 書いたものを，グループの中で発表し合いましょう。質問してもよいです。

3. エクササイズの感想を書きましょう。　　　とても　まあまあ　ふつう　あまり　ぜんぜん
    1　このエクササイズは楽しかったですか　　5　　　4　　　3　　　2　　　1
    2　このエクササイズは簡単でしたか　　　　5　　　4　　　3　　　2　　　1
    3　エクササイズをして，感じたことを書きましょう
    4　エクササイズをして，自分や友達のことで，気づいたり新しい発見を書きましょう

4. グループの代表が，グループでの様子を学級全体に発表しましょう。

第5章
エンカウンターを日常の学級経営にとかし込む

　エクササイズをやるだけがグループエンカウンターではない。本音のふれあいというエンカウンターのエッセンスを学級経営に導入すれば，いろいろな場面で子どもたちにエンカウンターを促すことができる。1～4章のようにしてエクササイズをじっくりと行うことと並行して，本章の内容を行うことで，エンカウンターの効果が真に学級に浸透していく。

1　エンカウンターが学級経営にもたらす効果 —— 112
2　掲示方式エンカウンター —— 115
3　エンカウンターを生かした暴言への対応 —— 122
4　学級全体のまとまりを形にして見せる —— 124
5　個別面接でエクササイズをやる —— 127
6　シェアリングを授業に生かす —— 128

第5章　エンカウンターを日常の学級経営にとかし込む

第1節 エンカウンターが学級経営にもたらす効果

　エンカウンターの効果が蓄積されていくと、学級は次のようによくなっていく。

効果1　人の話を聞くようになる

　人の話を聞かないのは、その話が自分にとって得をすることがない、関係がないからである。

　ガヤガヤしたなかでも、エクササイズを繰り返すことで、「エンカウンターは楽しい。またやりたい。静かによく聞かないと面白いことができない」という思いが生まれてくる。すると、リーダーが話すエクササイズの進め方や、エクササイズ中の友達の話を、よく聞くようになってくる。

　それには、リーダーも生徒も、わかりやすく話すことが必要になる。リーダーは「ねらいは1行で、デモストレーションは練習して完璧に」（28頁参照）について努力する。また、生徒たちには「話すときは、結論を先に言う」を徹底する（※注）。「わかりやすい話、聞きたくなる話し方」も、エンカウンターの中でなら身につきやすい。もちろん「人の話を前を向いて聞きなさい」という指導も大切である。

　このような実践をやっていくと、話すときと聞くときの区別がつくようになり、学級会も少しずつ、できるようになる。

効果2　マナーが身につき、ルールを守るようになる

　学級でエンカウンターを実施するときは、今日のエクササイズのねらい、エクササイズのやり方つまりルールを、デモンストレーションしながら説明していく。これを繰り返すことにより、学級のルールとなっていく。

　そのためには、同じエクササイズを何度もやったり、ワークシートの手順のとおりにエクササイズを進めさせ、ルールを守って活動することを徹底していく。

※注：國分康孝・國分久子の行う合宿形式の構成的グループエンカウンターでは、「話すときは、結論を先に言う」ことがメンバーに求められる。

効果3　係活動をすすんでやるようになる

「シェアリング」をていねいにやると，エクササイズ「よいところ探し」(56頁参照)でなくても，自然と友達のよい行動を認めたりほめたりするようになる。友達からほめられたり認められたりすることほど，うれしいことはない。ほめられると，何気なくやっていた行動でも，意識してするようになる。これを心理学では強化といい，望ましい行動が学級に広がっていく。

効果4　考える習慣ができ，思考力がつく

こまった学級でシェアリングを行うと，黙り込んだり，むだ話に興じたりして，成立しない。そこで私の場合は，「自分自身で感じたり気づいたこと」を徹底して書かせるようにした。本書がワークシートを重視する理由の一つがここにある。

①時間をとり，②書く紙を与えて，③自分の思うとおりに書いても笑われたりバカにされたりしない，という最低限のことを保障して書かせ続けると，自分の思いや考えを書けるようになっていく。

だんだん書けるようになってきたことを教師が認めてあげながら，シェアリングをしていく。すると，「友達と同じ意見で安心した。不安だったけれど，これでいいと思った」と安心感が高まり，「ああ，そのような意見もあるんだ，自分とは違う考え方でびっくりした」と認知の拡大・修正が進む。こうして，安心して自分で考えることができるようになる。

効果5　思いやりの心が育つ

エクササイズで，「よいところ探し」をすると，ほとんどの生徒が，「うれしかった。友達がそんなふうに見てくれているなんて知らなかった」と感想を書く。

いっぽう，「〇〇と書いてあったが，うそみたいだ？」「べつに？」と，疑いや無関心を装う内容を書く生徒もいる。しかし，彼らと話をすると，「うそみたいだ？」「べつに？」と言いながらも，「それは本当だよ，友達は君のことをよく思っているよ」と，あらためて教師からはっきりと断言してほしいのがわかる。これを何度も何度も続けていくと，思いやりの心が育っていく。人が自分を価値ある人間だと思ってくれていることがわかると，自然と自分も人のことを大切にしたくなっていく。

効果6　集中力がつく

　人は楽しいことを行うときは，一生懸命になり集中する。楽しいエクササイズを続けて行うと，生徒は「エンカウンターは楽しい，得るものがある」と無意識に思うようになり，その時間を楽しみにするようになる。そして，とくにワークシートで行うエクササイズの場合，ねらいだけ明確に伝えておけば，自分たちでどんどん進めていくようになる。「みずからやろう！　集中しよう」とする雰囲気が学級に充満するようになる。エクササイズ実施の結果，楽しかったり，新しい気づきがあると，さらに集中して一生懸命やろうとするようになる。

効果7　担任の言うこと（指示）を聞くようになる

　生徒は実によく見ている。「エンカウンターは楽しい，エンカウンターは役に立つ」「自分のこと，友達のことで新しい気づきがあって面白い」「それを担任の先生はやってくれる。ぼくたちのためにやってくれる」。そう感じてくると，普段の教師の指示が少しずつ通るようになる。

　総じて言えば，「エンカウンターを通して，学級のどの生徒も人間的に成長する」ということである。そして担任の言うことを，学級の生徒たちが聞くようになる。なぜなら，楽しいエクササイズを担任のリードで何回も何回もやれば，担任を大好きになり，担任の言うことを素直に受け入れてくれる学級になるからである。

　こうなるためには，エンカウンターのエクササイズを実施するのはもちろん，実は普段の学級生活にエンカウンターのエッセンスをにじませていくことが，非常に大切である。本書の核心ともいえるその具体策を，以下にご紹介していく。

第2節 掲示方式エンカウンター

　楽しそうなエクササイズだけれど,「こまった学級」でできそうな感じがしない。そんなときは,普通にエクササイズをするのではなく,掲示物を使ってシェアリングまでやるとよい。「何でもはって,エンカウンターにする○○学級」となればしめたものである。

● 掲示方式エンカウンターの魅力

(1) 全員が参加できる・生徒個々のペースで参加できる

　掲示方式なら,エクササイズにのれない生徒も,その時間欠席した生徒も,グループ分けで困る生徒も,話せない・落ち着きがない生徒も,その子のペースでエンカウンターに参加することができる。

　帰りの時間になっても書けない生徒には,放課後に教師が面接しながら書かせるとよい。不登校の生徒なら自宅で書けばよい。生徒個々のペースで全員参加できるのが利点である。

(2) 勝手にシェアリングができる

①何回もできる

　書いたものを廊下にはっておくと,一人でじっくり楽しみながら見ている生徒や,仲よしの友達同士で話し合っている生徒,先生と一緒に自分の気持ちを語っている生徒もみられる。ここで「シェアリング」ができる。短い時間でも長い時間でもできる。何回もできる。それによって相互理解が深まっていく。

②自分のペースでできる

　また,自分の学級に仲のよい友達がいなくても,掲示物が廊下にはってあれば,隣のクラスの友達とそれを見ながら話すことができる。自分のペースでシェアリングを進めることができる。

③シェアリングが深まる

掲示物にすると書いたものが残っているので，何度もシェアリングができる。何度もシェアリングをすると意識化，明確化ができていく。

● 掲示方式の実践例(1) 「明里先生と昼食を食べに行こう！」

4月中旬の放課後，「先生，昼食をおごって！ 食べに行こうよ」と，生徒たちが言い出した。学校の前には，回転寿司，ファミリーレストラン，ラーメン店，カツ丼の店，4つの飲食店がある。生徒たちは勝手に，「回転寿司で腹一杯食べたい」「ドリンク飲み放題のファミリーレストランがいい」「ねえ先生，先生は何食べたい？」と勝手なことを言っている。このことがヒントとなり，学級で「4つの窓」（用意された4つの選択肢から自分の希望を1つ選び，理由などを話し合うエクササイズ）をやろうと決めた。

帰りの会で，「君は，学校の前の飲食店で，明里先生と食べるなら何を食べますか？ これから配る紙に，①名前，②行きたい店，③何を食べたいか，④その食べ物を選んだ理由，を書いて提出してください」と伝えた。そして放課後，4つの店と明里先生と行かないの5グループに分けて，模造紙にはり，教室前の廊下に掲示した。

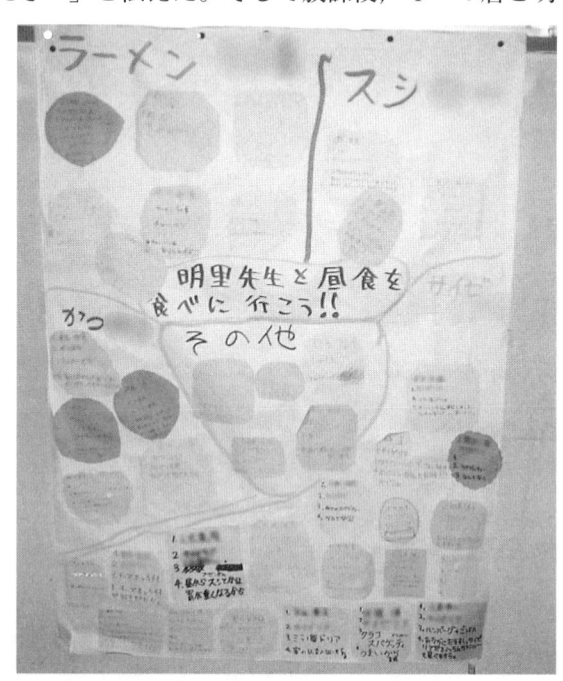

次の日になると，自分の学級の生徒だけでなく，隣の学級の生徒も，そして先生方も，掲示物を見ていた。そして私の学級の生徒といろいろ話をしていた。彼らは自然とシェアリングをしていた。「おっ，おまえと一緒の店だ。なんで？」「あそこの店のチョコパフェおいしいよ」など。となりの担任が「○組は面白いことやってるね。先生は明里先生とラーメン屋に行ったんだよ」と話したりし

明里先生と昼食を食べに行こう！

て, 盛り上がっていた。

　学級としてのシェアリングは, 掲示した1週間後に,「振り返り用紙」(54頁参照) を帰りの会に配り, 自分が感じたことを書かせた。ほとんど書いていない生徒もいた。なお, 落書きが3件あったので, 学級で注意をした。

● 掲示方式の実践例(2)　「学級目標を決めよう」

　4月下旬, 私はそろそろ学級目標を決めなくてはと焦っていた。学級組織を決める学級会は私語が多かった。勝手な発言が目立ち, みんな自分勝手という雰囲気だった。担任としては「学級目標が決められるだろうか。学級目標くらい, みんなの意見を出し合って, 民主的に決めてほしいけれど……」と思っていた。

　学級目標を決めるにあたり, 担任として内容よりも決め方を大切にしたかった。みんなの考えや思いが凝集したものにしたいと願っていた。けれども,「こまった学級」では, 学級会がうまく進みそうになかった。そこで掲示方式をとった。紙を配り, ①「名前」, ②「学級目標」, ③「なぜこの学級目標にしたか」, を書いて提出させた。そして模造紙にはり, 教室前の廊下にはった。すると, わが学級の生徒だけでなく, 隣の学級の生徒や先生も, 見て話しかけてくれた。

　3日後, 帰りの会で「友達の学級目標を見ましたか。自分の目標と比べてどうでしたか。もう一度考えて, 学級目標を考えてみましょう」と言って, 紙を再度配った。そしてまた廊下に掲示した。「○組はまたかよ」と言いながら隣の学級の生徒もよく

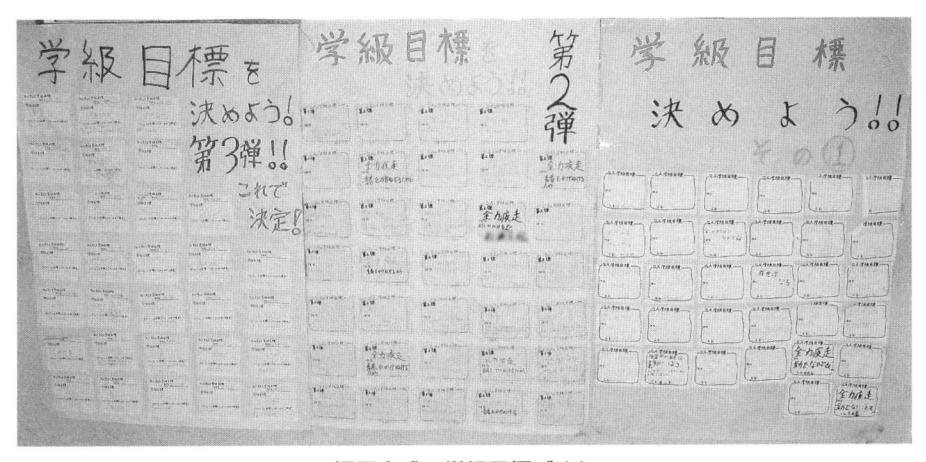

掲示方式の学級目標づくり
3回も書くとかなり集約されてくる。右から順に1回目, 2回目, 3回目

第5章 エンカウンターを日常の学級経営にとかし込む

見ている。わが学級の生徒たちも，「○○君，変わった」「あいつ，○○と中身が同じだ」「これ，カッコよくね？」と言いながら見ている。グッドシェアリングだ。

さらに3日後，「これが最後だよ」と言いながら，3回目の紙を渡して書かせた。「もう少し，理由を詳しく書いてごらん」と書かせ，模造紙にはり，廊下にはった。3回目のときは，いいかげんなものはなくなり，理由も具体的になってきた。

そして2日後に学級会を開き，学級目標は決定した。

最近，掲示物をパソコンを使ってきれいに教師が作成する学級もあるが，私は掲示物はすべて生徒に作らせた。作るときは，私も教室に残っていろいろなことを話しながら作っていった。

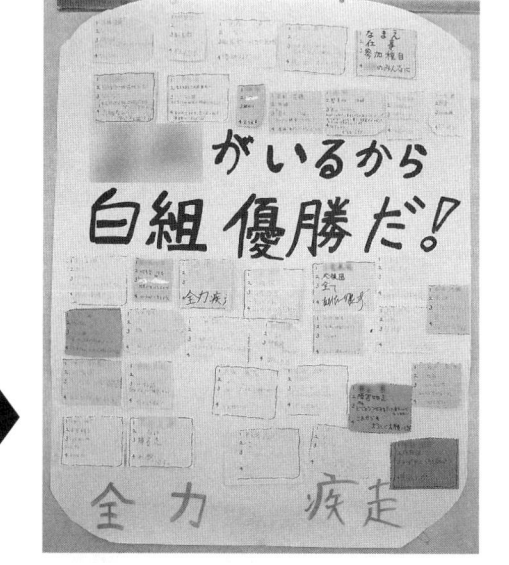

● 掲示方式の実践例(3) 「体育祭を大成功させよう！」

体育祭は生徒が最も燃える学校行事の1つである。だからこそ「気がついたら，終わってしまった」で済ませたくない。

まず準備期間に，「体育祭を大成功させよう！シート」（10×7cmの紙）に，①「名前」，②「体育祭の係」，③「出場種目」，④「学級のみんなへ」を書く。それを廊下にはって，体育祭への意識を高める。

体育祭終了後には，A4の「＿＿であった体育祭シート」（119頁）に，「体育祭を大成功させよう！シート」をはり直し，①「○○であった体育祭」というタイトルをつける，②体育祭でがんばったこと・よかったこと・たのしかったことを書く。そして，③「友達からのメッセージ」で，その生徒のよかったところを3人の友達に書い

1. 名前
2. 体育祭の係
3. 出場種目
4. 学級のみんなへ

1人1人が書く「体育祭を大成功させよう！」シート

掲示方式の「体育祭を大成功させよう！」

_____月_____日

_____ であった体育祭　組　番　名前

タイトルをつけた理由

ここに個人の「体育祭を大成功させよう！シート」を，体育祭終了後にはり直す。

私ががんばったこと
・

・

よかったこと・たのしかったこと

友だちからのメッセージ
○　　　　　　　君・さんより

○　　　　　　　君・さんより

○　　　　　　　君・さんより

学級のみんなへ

担任からひとこと

てもらう。④学級のみんなへ、最後に⑤担任がメッセージを書く。

　担任がメッセージを書くのが大変な場合には、①シールをはる、②体育祭の写真をはる、③生徒自身が書いたがんばったこと・ほめてほしいところをほめて書く。ワークシートには、本人ががんばったことを書いているので、それを見ながら書くとポイントをはずさず、短時間で書ける。

● 教室内に掲示する

　教室にはると、生徒たちは昼休みや放課後など、けっこう見ている。
　保護者面接があるときは、教室を保護者の待機場所にして、保護者と生徒が一緒に見られるように工夫した。これを見て、保護者は、自分の子どもだけでなく、学級担任の努力も認める。

● 掲示方式のポイント

(1) 時が大切

　掲示式エンカウンターを実施する場合、タイミングを逃してはならない。行事や何か取り組んだあとに「すぐ」行うことが大切である。いっぽう、学級掲示はともかく、廊下など教室外にはったものは、時期が過ぎるとはがすことを忘れないようにしたい。

(2) 生徒ができるように支援する

　たくさんのことを考えたり、深く考えたりする場合は、長く時間をとり、十分な支援が必要である。それでも書いていない箇所があってもOKとする。

(3) 「学級のみんなへ」「担任からひとこと」の欄を必ずつくる

　「＿＿であった体育祭シート」のような生徒一人一人の掲示用のワークシートには、「学級のみんなへ」「担任からひとこと」を必ず入れるようにした。
　まず「学級のみんなへ」は、次のような効果がある。
　4月当初、「こまった学級」の生徒たちは「いやな学級だ」と思っているので、「べつに」と書いたり、何も書かない生徒が多かった。それでも行事を一つ終えるごとにワークシートに書かせると、「これからも、よろしく」「ありがとう」という言葉が増え、年度の後半には「○組サイコー」「みんなガンバロー」「来年も一緒だね」というメッセージに変わっていった。生徒の学級へ対する思いの変化を確認するためにも、学級全体に対して一人一人がメッセージを発する場が必要だと思う。

また,「担任からひとこと」は,次のような効果がある。

体育祭のときに,40人もの生徒へメッセージを書くのは正直大変である。教師も係の仕事があり,気がついたら終わっていたという場合もある。しかし,このような「＿＿であった体育祭シート」を使えば簡単である。なぜなら,このワークシートには「個人のよかったこと,楽しかったこと,がんばったこと」が書かれている。それを担任が見てほめてあげればよいのである。

担任は体育祭中,40人の生徒を細かく見ていることはできない。しかし,生徒自身が「借り物競走1等でよかった。がんばった」と書いたことを,担任が「借り物競走1等だ！よくがんばったね」とほめればいいのである。写真をはるのもよい。100円ショップで購入したシールをはるのもよい。常に「私は君の担任,いつでもどこでも見ているよ」というメッセージを生徒の心に送り続けるのである。

(4) なかなか提出しない生徒へは3段階催促方式

なかなか提出しない生徒がいる。基本的には,①係が連絡して集める。②担任が未提出者に一声かける。③親しい生徒から催促させる,という3段階催促方式をとっている。そして,なぜ提出しないのかを見極めて,それに応じた対応をする。

ア．書くことが大変で面倒と思う生徒……最初は,少しでも書いたらOKとする。

イ．何を書いていいかわからない生徒………放課後に,その生徒とその生徒が親しい友達に一緒に教室に残ってもらい,担任と話し合う。生徒と担任の2人より,友達がいた場合のほうがアイデアが出やすく,気分もほぐれやすい。「よかったことと言われてもとくにない。給食より弁当がよかったことくらい。でも体育祭の内容ではなく,弁当のことなんて書けない」と言っても,その意見を出したことをOKとすること。担任と一緒に残って作業をすることが大切だ。

ウ．ていねいに書きたい生徒……なかには,ていねいにカラフルに書きたい生徒もいる。そんな場合は,家庭へ持ち帰らせて書かせるなど,書く時間を与えるのも1つの方法。自己表現,自己主張の1つだから認めてあげる。

(5) マイナスなこと,悪い反省点は書かない・書かせない

掲示方式は書いたものがあとに残る。だから反省とはいえ,「悪かったことをあげ,改善しよう」ということはしない。担任との話し合いや学級会では構わないが,生徒みずから書いたこととはいえ,個人の悪い点を掲示物として常に他人の目に触れさせるのは,何の効果があるか疑わしいと私は考える。

第3節 エンカウンターを生かした暴言への対応

● 学級で起きたことは学級内で処理する

　エンカウンターをやっているときに起こるトラブルは,「学級で起きたことは,学級内で解決・処理をする」を原則とした。

　もちろん,学級で指導したあと,再度話を聞いたり指導することは多々あったが,基本は毅然と学級内で処理をした。

　これは「グループで起きたことはグループで解決」という國分エンカウンターの原則をモデルにしている。宿泊を伴う大人向けの國分エンカウンターでは,エンカウンターの最中にリーダーに対する不満が述べられることもあるし,うまくエクササイズが進まないグループがポツンと生じることもある。そんなとき,リーダーは彼らがいまどんな気持ちでいるかを,全体の中で聞いていく。するとリーダーと彼らのやりとりを見ていた別の参加者の中から,あたたかい言葉をかけてくれる人が出てくることもあれば,新しい感情をぶつける人も出てきたりする。結局,参加者の力によって問題を乗り越え,参加者も新しい気づきを得ることになる。集団の教育力を最も引き出し,高める瞬間であるとともに,國分エンカウンターの核心でもある。

　これにヒントを得て集団づくりに生かしている。例えば次のケースのような場合である。

ケース1　「死ね」という発言

　最近の生徒はよく「死ね！」という言葉を使う。「私はうっとうしく感じる」「きらいである」という意味で使っているが,許せる言葉ではない。

　状況次第だが,私は「死ね」と言葉を発した生徒を注意するとともに,言われた生徒が言われたときの気持ちを言えるように応援している。「『死ね』と言われてどんな感じ？　いやじゃないのかい？『ものすごく不愉快だ！』と言っていいんだよ」と。

そして短学活のときに,「『死ね』という言葉は使ってはいけない」と注意するだけでなく,「言われたらどんな気持ちだろう」「学級のみんなは,それを聞いてどんな気持ちだったのだろう」と,学級全体で考えるチャンスを与える。

実際にそうしたとき,「先生に言ったのではない」と言い返してきた生徒がいた。「先生に言わなくても,同じ学級の生徒に言われるのを聞いたら,先生は自分に言われるよりもっと不愉快だ」と,担任の気持ちを自己開示して伝えた。

ケース2　不登校生徒への悪口

不登校の生徒のことをさして,「あんなやつ,いないほうがいいんだ」と言う生徒がいる。私は次のようにやりとりをしている。

「あ,君はそう思うんだ。なぜ？」
「掃除もしない,給食当番もしない」
「そうだよね,あの子のために大変だね。いやになっちゃうね」
「でも,助けてあげてよ」「同じ学級の友達なんだから」と。

そして,「登校してきたときは,『おはよう,よく来たね』と言ってあげてほしいな」という感じで,学級全体に話しかけるようにする。

もしもそれでも「いやだ」と言うようだったら,「先生は何か悲しいな。先生はあたたかい言葉をかけてほしいな。あたたかい言葉をかけてあげられるのは,この学級の人しかいないから」と言って次へ進む。

ケース3　担任に対する批判

「おまえ(先生)なんかダメだ」と言う生徒がいた。「もし,そう思うなら先生を助けてよ。何をしてくれるのかなあ？　楽しみだね。学級のみんなが助けてくれると,先生やっていけそうだよ」と,切り返す。

その後,どうしても話したければ,放課後ゆっくりと話を聞けばいい。

一方的に指導したり,その子だけに指導したりするのではなく,基本は,学級全体に話しかけて,学級の問題として扱うように心がけた。

「こまった学級」でも,全員が暴言をはいているわけではない。一部の生徒である。多数の正しい生徒を守ることが大切である。

第4節 学級全体のまとまりを形にして見せる

● 学級に心地よい風を吹かせ！ 楽しい波を起こせ！

「こまった学級」は，小さな仲よしグループが乱立・牽制しあっている，まとまりのない学級である。例えば，あるグループのやっていることがよかったり，言っていることが正しかったりしても，ほかのグループは決して「よい」とは言わない。実は，言えないのである。言ってしまうと自分たちのグループの負けを認めることになり，自分たちのグループの存在意義がなくなってしまうからである。

そんなときに，学級会長や班長会がリーダーシップをとって学級全体が動けばいいが，なかなか動かないのが現状である。ならば最初は，学級担任がみずから動けばよい。風がなければ，風を起こせばよい。波がなければ，担任が波を起こせばよい。

その風や波を起こす方法として構成的グループエンカウンターを使い，学級全体で動けばいいのである。担任がリーダーのモデルとなればよい。

風がなかなか起きなければ，学級担任が教室をぐるぐる回って風を起こせばよい。波がなければ，担任がプールに高く飛び上がって飛び込めば波が起こる。それがリーダーの役割であり，その道具が構成的グループエンカウンターである。

● 個でやったことを全体でまとめる

マズローは人間の欲求を5段階とした。「生理的欲求」「安全の欲求」が満たされたら次に求めるものとして「集団所属の欲求」を想定した。集団へ所属していると満足感があり安定するのだ。しかし，こまった学級では，一人一人は取り組むことができても，学級全体として取り組むことがで

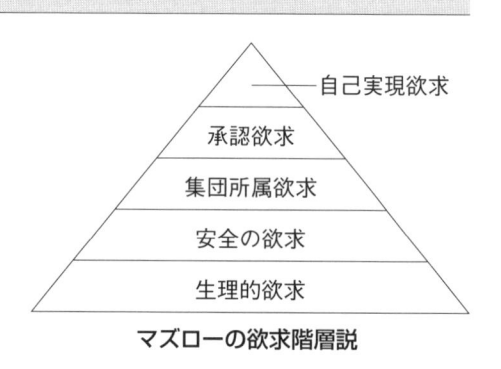

マズローの欲求階層説
（ピラミッド図：上から）自己実現欲求／承認欲求／集団所属欲求／安全の欲求／生理的欲求

きない。所属したい集団の姿が見えないのだ。

　このように集団の存在自体を感じられないときは，個でやった成果を全体で取りまとめるとよい。例えば，一人一人が書いた感想でも，1枚の模造紙にまとめてはると，学級全体で何かやっているように感じる。それを何度も何度も繰り返していく。

体育祭の手形学級旗
不登校気味の生徒も放課後に手形を押して全員の手形がある

　例えば，廊下にはると，ほかの先生や隣のクラスから，「○組って楽しいことをやっている」「まとまっている」と言われ，「そんなものかな」と思うようになる。自分の書いたものに対して「これ何？」とほかの人から聞かれると，まんざら悪い気がしない。得意になって話すようになる。これはシェアリングと同じことである。

　これを続けていくと，まとまった学級に見えてくる。まとまった学級に見えてくると，自然とまとまった学級になっていき，自慢の学級になっていく。

● 掲示物づくりがそのままエンカウンターになる

　クリスマスプレゼントのくつ下もおひな様のおり紙も一人一人の作業であるが，1枚の紙にはるとまとまった学級に見える（126頁の写真）。その作業を何回も何回も繰り返す。その時のエピソードである。

　12月には掲示物でクリスマスツリーを作った。

　クリスマスの季節になったとき，わが学級の美術部3人組に，部活動で作ったリースを掲示してもらった（実は彼女らは6月に行ったQ-U検査で，仲間はずれにされたり，傷つけられる可能性があることがわかっており＜侵害行為認知群＞，なかなかクラスになじめずにいた）。その飾りを見た学級の男子も女子も，「○○さんが作ったんだって」「みんな100円ショップで用意したんだって」とほめているのを美術部員たちはそばで聞いていた。そのせいか，1月に行ったQ-U検査では，学級満足群に近づくまでに変化していた。

　また，「クリスマスプレゼントに何を書こう？」とみんなで話し合っているときに，

第5章 エンカウンターを日常の学級経営にとかし込む

めんどうくさがり屋のAD/HDの生徒に対して「おまえも早く書け」と催促する声が聞こえた。その時，Hさんが，「くつ下は私が作ってあげるから，中身は自分で書きなよ」と声をかけていた。いままで何をやっても邪魔といわれた茶髪のA君も作ろうとしている。他の生徒もかかわらないよう避けていた茶髪のA君に折り方を教えている。学級全体で何かして（エクササイズ），みんなでそれを見ながら言いたいことを言えるようになること（シェアリング）が，このような結果につながるのだと感じた。

クリスマスツリー
くつ下は帰りの会に各自で作る。ツリーやリースは学級の美術部の生徒の作成

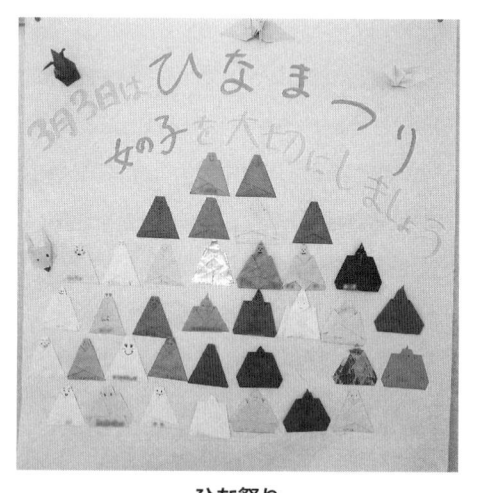

ひな祭り
3月3日は，帰りの会に，お内裏様とおひな様を一人一人が折って，1枚の模造紙にはった

第5節 個別面接でエクササイズをやる

● 15分あればできるエクササイズがある

「今日は帰りの学活後,私が部活動に出るまでに15分とれそうだ。よし,あの生徒と個別面接をしよう」というとき,2人でエクササイズをする。「私シリーズ」をやったり,次に学級でやるエクササイズをやったりする。

なかなかグループを組めない子には,だれと一緒になりたいか聞いておき,本番のときに生かす。第4章で紹介したエクササイズは,簡単で短時間で行えるものが多い。1グループまた,1人の生徒と先生,数人の生徒で行える。

ケース1 不登校生徒とその保護者と

不登校の生徒が放課後に登校してきたとき,教師と2人でやったり,関係をつけたい先生や生徒を巻き込んでやる。いずれもシェアリングを含めて15分程度のエクササイズである。母親と一緒に登校した場合は,母親も一緒に参加してもらう。母親が,「子どもと一緒にエンカウンターをやり,自分の子でも,何を考えているかわかっていないのがよくわかった」と言っていた。

ケース2 こまった生徒と

面接というと生徒は構えるが,教師側も「これを言わなくてはならない,伝えなくてはならない」と構えてしまう。そんなとき,エンカウンターが効果的である。生徒と一緒に何かやりながら進めていく。AD/HDの生徒とルールに従いながら進めていくと,段々落ち着いてくるようになる。

第6節 シェアリングを授業に生かす

● シェアリングの効果

シェアリングとは、分かち合うという意味で、「エクササイズを通して、感じたり、気づいたりしたことを語り合う」ということである。少人数で話し合ってから全体で発表させると、生徒は自信をもって発表するようになる。

学活や道徳、教科指導のとき、「みんなが掃除をするようにするためにはどのような方法があるのだろう」「この物語を読んでどう思いましたか」「豊臣秀吉は、何をしようとしたのだろう」という発問にシラケた雰囲気で意見が出ない場合は、グループエンカウンターのときにやったシェアリング方式をやらせるとよい（53頁参照）。

● 授業で行うシェアリングの実際

「前後左右の人と話し合ってください。答えがわからない人は隣の人に聞くこと。そして必ず発表できるようにしておくこと。席は離れてはいけない。時間は2分」

始めは、隣の人ではなく、遠くの親しい友達に話しかけようとするが、回数を重ねると、段々と近くの人と話すようになる。2分後に指名し、発表しないと、「どうして隣のAさんに聞かないの？」「Aさん、教えてくれないからB君がこまっているよ。Aさんは、ケチだね」など話していると少しずつ近くの人とも話すようになる。

あるとき、あまり発表しない生徒が、周りの生徒と話し合っているときになかなかよい意見を出していることに気がついた。そこで、そばを通ったときに、「それを発表しなさい。いい意見だよ」と言っておき指名した。もじもじしながらでも発表できたので、「いい意見だったね」とほめたところ、その後「前後左右の人と話し合ってください」と言うとよく話すようになった。以降、机間指導を繰り返して「その意見をみんなの前で言いなさい」と言うと段々とみんなの前で発表できるようになっていった。そのうち私をつかまえて、「先生これでいいか聞いて」と言うようになった。

あとがき

　今年赴任した中学校の職員のことです。

　新任2年目の先生に初めて会ったとき,「今年から担任をします。教育相談のこと,グループエンカウンターのこと教えてください」と言われました。新任1年目の先生は,入学式直後に,「来年は担任させてください」と意欲満々の様子でした。私の話を聞いた新任3年目の先生は「そのやり方,マネしていいですか」と言っていました。新任4年目の先生は,いつも生徒指導主任にアドバイスを受けながら学級経営を進めています。講師の先生は,私がグループエンカウンターをやるとき,生徒の中に入って一緒に取り組んでくれるので,私と生徒との年齢の差を埋めてくれています。

　このような若い先生方の意欲を上手に引き出し,ベテラン教師を話し合いでまとめ,学校運営を生き生きと着実に進めている白濱正人校長は私のモデルです。私はこのような先生になりたいと思っています。そしてこのような若い先生方のために役に立ちたいと思い,いままでの学級経営やグループエンカウンターのことをまとめようと決意して作ったのがこの本です。

　本著の監修をしてくださる國分康孝・久子先生には,たいへんお世話になりました。私同様,中学校で教師をしている妻とともに夫婦でお世話になりました。何度も何度も激励のはがきをいただき,短い言葉の中に,はっと気づかされ,勇気をいただきました。國分先生ご夫妻のご指導,激励があればこそ,この私があるのです。私たち夫婦のモデルでもあります。國分先生に「なんだか頼りない明里」と言われた私が,とうとう若い先生や「こまった学級」応援の本を出すことができました。すべて國分先生ご夫妻のお陰です。

　明治大学の諸富祥彦先生には,千葉大学在任のときから,グループエンカウンターを実践するとき,「あっ,そうか」と思うような具体的な指導を数々いただき,ピンチを乗り越えることができました。

　跡見女子大学の片野智治先生には,國分エンカウンターの神髄を学ぶチャンスを何度も与えていただきました。

　都留文科大学の河村茂雄先生には,私が学級経営で行き詰まったとき,Q-Uで指導していただきました。その後,学級がよくなり,楽しい学級になっていきました。

　東則孝様を始め大木修平様,佐藤達朗様,図書文化社の皆様には,この本の出版に

あたって細かいところまで配慮していただき出版までこぎつけることができました。感謝に堪えません。

そして，ちばエンカウンターを学ぶ会の皆様が，いつもいつもあたたかく仲間として応援してくださったからこそ楽しくやってこれました。

最後に，家族の春美・美智子・千恵子・香代子が何の愚痴も言わず，あたたかい家庭で迎えてくれたのでやってこれました。娘たちが私に時間を合わせて海外へ旅してくれたことが大きなエネルギーの源となりました。

すべての皆様に感謝しつつ，お礼の言葉とさせていただきます。

平成19年10月　　　明里　康弘

【参考文献】
- 國分康孝・國分久子総編集『構成的グループエンカウンター事典』図書文化
- 國分康孝監修『エンカウンターで学級が変わる・中学校編』図書文化
- 國分康孝監修『エンカウンターで学級が変わる・中学校編2』図書文化
- 國分康孝監修『エンカウンターで学級が変わる・中学校編3』図書文化
- 國分康孝監修『エンカウンターで学級が変わる・ショートエクササイズ集』図書文化
- 國分康孝監修『エンカウンターで学級が変わる・ショートエクササイズ集2』図書文化
- 片野智治『構成的グループ・エンカウンター』駿河台出版社
- 片野智治『構成的グループエンカウンター研究』図書文化
- 河村茂雄編『ワークシートによる教室復帰エクササイズ』図書文化
- 國分康孝『エンカウンター』誠信書房
- 國分康孝・片野智治『構成的グループ・エンカウンターの原理と進め方　リーダーのためのガイド』誠信書房
- 國分康孝他『エンカウンターとは何か』図書文化
- 諸富祥彦他編集『エンカウンターで学級づくりスタートダッシュ　小学校編』図書文化
- 諸富祥彦他編集『エンカウンターで学級づくりスタートダッシュ　中学校編』図書文化
- 諸富祥彦他編集『エンカウンターこんなときこうする　小学校編』図書文化
- 諸富祥彦他編集『エンカウンターこんなときこうする　中学校編』図書文化
- 諸富祥彦編『中学校「道徳シート」とエンカウンターで進める道徳』明治図書

【構成的グループエンカウンターのホームページならびに公式ネットワーク「E-net2000」】

http://www.toshobunka.co.jp/sge/index.htm　　　※メルマガもあります

ちばエンカウンターを学ぶ会

- 目　　　的：学校で行うグループエンカウンターを実際に体験する
　　　　　　参加者の中からリーダーを募り，実際にやっていただくことを主とする
- 対　　　象：小学校，中学校，高等学校に勤務する方
　　　　　　千葉市，千葉県以外でも来てくだされば OK です
- 会場・回数：おもに千葉市内，年3〜4回
- 会　　　費：実費。その都度集金1回500円程度
　　　　　　会場費，通信費，講師謝礼，資料費　等
- 世　話　人：明里康弘，植草伸之，浅井好，萩原美津枝，平田元子
- 連　絡　先：E-mail　papion_0727@yahoo.co.jp

> 監修者

國分康孝　こくぶ・やすたか

　東京成徳大学教授。日本教育カウンセラー協会会長。日本カウンセリング学会会長。東京教育大学，同大学院を経てミシガン州立大学大学院カウンセリング心理学専攻博士課程修了。Ph.D.。ライフワークは折衷主義，論理療法，構成的グループエンカウンター，サイコエジュケーション，教育カウンセラーの育成。師匠は，霜田静志，W・ファーカー。著書多数。

國分久子　こくぶ・ひさこ

　青森明の星短期大学客員教授。日本教育カウンセリング学会常任理事。関西学院大学でソーシャルワークを専攻したのち，霜田静志に精神分析的教育分析を受ける。その後，アメリカで児童心理療法とカウンセリングを学び，ミシガン州立大学大学院から修士号を取得。論理療法のA・エリスと実存主義的心理療法者のC・ムスターカスに師事した。著書多数。

> 著者

明里康弘　あかり・やすひろ

　千葉市立磯辺第一中学校教頭。千葉大学大学院学校教育臨床修了。上級教育カウンセラー，SGE公認リーダー（NPO日本教育カウンセラー協会），ちばエンカウンターを学ぶ会世話人。エンカウンターを通して子どもとともに教師自身が成長することが大切と力説したい。長年，適応指導教室，教育センターで不登校の子どもと関わる。『エンカウンターこんなときこうする』『エンカウンターで学級づくりスタートダッシュ』『育てるカウンセリングによる教室課題対応全書6　不登校』『教師のコミュニケーション事典』（図書文化・共編），『教師間のチームワークを高める40のコツ』（教育開発研究所・共編），『シリーズ・学校で使えるカウンセリング　4』（ぎょうせい・共編），『現代カウンセリング事典』（金子書房・分担執筆）など。

どんな学級にも使えるエンカウンター20選
中学校

2007年11月18日　初版第1刷発行
2017年9月10日　初版第11刷発行

監修者……國分康孝・國分久子
著者……©明里康弘
発行人……福富　泉
発行所……株式会社　図書文化社
〒112-0012　東京都文京区大塚1-4-15
TEL 03-3943-2511　FAX 03-3943-2519
振替 00160-7-67697
http://www.toshobunka.co.jp/

印刷・装幀……株式会社　加藤文明社印刷所
製本……株式会社　村上製本所

JCOPY〈(社)出版者著作権管理機構　委託出版物〉
本書の無断複写は著作権法上での例外を除き禁じられています。複写される場合は，そのつど事前に，(社)出版者著作権管理機構（電話 03-3513-6969, FAX 03-3513-6979, e-mail: info@jcopy.or.jp）の許諾を得てください。

乱丁・落丁の場合は，お取り替えいたします。
定価はカバーに表示してあります。
ISBN978-4-8100-7505-2　C3037

学校現場のための「子どもが変わる生徒指導」。
心に響き，子どもが自ら問題を乗り越えるために―

育てるカウンセリングによる 教室課題対応全書 全11巻

監修 國分康孝・國分久子

Ａ５判／約208頁　本体各1,900円
全11巻セット価格20,900円

3つの特色
「見てすぐできる実践多数」
「必要なところだけ読める」
「ピンチをチャンスに変える」

① **サインを発している学級**　編集　品田笑子・田島聡・齊藤優
　サインをどう読み取り、どう対応するか、早期発見と早期対応。

② **学級クライシス**　編集　河村茂雄・大友秀人・藤村一夫
　学級クライシスは通常とは違う対応を要する。再建のための原理と進め方。

③ **非行・反社会的な問題行動**　編集　藤川章・押切久遠・鹿嶋真弓
　学校や教師に対する反抗、校則指導、性非行等、苦慮する問題への対応。

④ **非社会的な問題行動**　編集　諸富祥彦・中村道子・山崎久美子
　拒食、自殺企図、引きこもり等、自分の価値を確信できない子への対応。

⑤ **いじめ**　編集　米田薫・岸田幸弘・八巻寛治
　いじめを断固阻止し、ピンチをチャンスに変えるための手順・考え方・対策。

⑥ **不登校**　編集　片野智治・明里康弘・植草伸之
　「無理をせずに休ませた方がいい」のか、新しい不登校対応。

⑦ **教室で気になる子**　編集　吉田隆江・森田勇・吉澤克彦
　無気力な子、反抗的な子等、気になる子の早期発見と対応の具体策。

⑧ **学習に苦戦する子**　編集　石隈利紀・朝日朋子・曽山和彦
　勉強に苦戦している子は多い。苦戦要因に働きかけ、援助を進めていく方策。

⑨ **教室で行う特別支援教育**　編集　月森久江・朝日滋也・岸田優代
　ＬＤやＡＤＨＤ、高機能自閉症などの軽度発達障害の子にどう対応するか。

⑩ **保護者との対応**　編集　岡田弘・加勇田修士・佐藤節子
　協力の求め方,苦情への対応等、保護者との教育的な関係づくりの秘訣。

⑪ **困難を乗り越える学校**　編集　佐藤勝男・水上和夫・石黒康夫
　チーム支援が求められる現在、教師集団が困難を乗り越えていく方法。

図書文化

※定価には別途消費税がかかります

ソーシャルスキル教育の関連図書

ソーシャルスキル教育で子どもが変わる ［小学校］
－楽しく身につく学級生活の基礎・基本－

國分康孝監修　小林正幸・相川充編　　　　　B5判 200頁　**本体2,700円**

友達づきあいのコツとルールを楽しく体験して身につける。わが国初めて、①小学校で身につけるべきソーシャルスキルを具体化、②学習の手順を段階化、③一斉指導で行う具体的な実践例、をまとめる。
- ●主要目次：ソーシャルスキル教育とは何か／学校での取り入れ方／基本ソーシャルスキル12／教科・領域に生かす実践集／治療的な活用

実践！ ソーシャルスキル教育 ［小学校］［中学校］
－対人関係能力を育てる授業の最前線－

佐藤正二・相川充編　　　　　B5判 208頁　**本体各2,400円**

実践の事前、事後にソーシャルスキルにかかわる尺度を使用し、効果を検証。発達段階に応じた授業を、単元計画、指導案、ワークシートで詳しく解説。
- ●小学校主要目次：ソーシャルスキル教育の考え方／ソーシャルスキル教育のためのアセスメント／道徳の時間の実践／特別活動の時間の実践／自己表現力を伸ばす
- ●中学校主要目次：中学生のための基本ソーシャルスキル／ストレスの高い生徒への実践／進路指導での実践／LD・ADHDをもつ生徒への実践／適応指導教室での実践

育てるカウンセリング実践シリーズ②③
グループ体験によるタイプ別！学級育成プログラム ［小学校編］［中学校編］
－ソーシャルスキルとエンカウンターの統合－

河村茂雄編著　　　　　B5判 168頁　**本体各2,300円**

学校だからできる心の教育とは！ふれあいとルールを育て、教育力のある学級づくりをする。
★ソーシャルスキル尺度と学級満足度尺度Q-Uを使った確かなアセスメント。
- ●主要目次：心を育てる学級経営とは／基本エクササイズ／アレンジするための理論／学級育成プログラムの6事例

いま子どもたちに育てたい
学級ソーシャルスキル 〔小学・低学年〕〔小学・中学年〕〔小学・高学年〕
－人とかかわり，ともに生きるためのルールやマナー－

河村茂雄・品田笑子・藤村一夫編著　　　　　B5判 208頁　**本体各2,400円**

まとまりのある学級で使われているスキルはこれ！「みんなで決めたルールは守る」「親しくない人とでも区別なく班活動をする」など、社会参加の基礎となる人間関係の知識と技術を、毎日の学級生活で楽しく身につける！
- ●主要目次：学級ソーシャルスキルとは／学校生活のスキル／集団活動のスキル／友達関係のスキル

図書文化

※定価には別途消費税がかかります

構成的グループエンカウンターの本

必読の基本図書

構成的グループエンカウンター事典
國分康孝・國分久子総編集　Ａ５判　本体：6,000円＋税

教師のためのエンカウンター入門
片野智治著　Ａ５判　本体：1,000円＋税

自分と向き合う！究極のエンカウンター
國分康孝・國分久子編著　Ｂ６判　本体：1,800円＋税

エンカウンターとは何か　教師が学校で生かすために
國分康孝ほか共著　Ｂ６判　本体：1,600円＋税

エンカウンター スキルアップ　ホンネで語る「リーダーブック」
國分康孝ほか編　Ｂ６判　本体：1,800円＋税

目的に応じたエンカウンターの活用

エンカウンターで保護者会が変わる　小学校編・中学校編
國分康孝・國分久子監修　Ｂ５判　本体：各2,200円＋税

エンカウンターで不登校対応が変わる
國分康孝・國分久子監修　Ｂ５判　本体：2,400円＋税

エンカウンターで学級づくりスタートダッシュ　小学校編・中学校編
諸富祥彦ほか編著　Ｂ５判　本体：各2,300円＋税

エンカウンター　こんなときこうする！小学校編・中学校編
諸富祥彦ほか編著　Ｂ５判　本体：各2,000円＋税　ヒントいっぱいの実践記録集

どんな学級にも使えるエンカウンター20選・中学校
國分康孝・國分久子監修　明里康弘著　Ｂ５判　本体：2,000円＋税

どの先生もうまくいくエンカウンター20のコツ
國分康孝・國分久子監修　明里康弘著　Ａ５判　本体：1,600円＋税

10分でできる　なかよしスキルタイム35
國分康孝・國分久子監修　水上和夫著　Ｂ５判　本体：2,200円＋税

多彩なエクササイズ集

エンカウンターで学級が変わる　小学校編　中学校編　Part１〜３
國分康孝監修　全３冊　Ｂ５判　本体：各2,500円＋税　Part１のみ本体：各2,233円＋税

エンカウンターで学級が変わる　高等学校編
國分康孝監修　Ｂ５判　本体：2,800円＋税

エンカウンターで学級が変わる　ショートエクササイズ集　Part１〜２
國分康孝監修　Ｂ５判　本体：①2,500円＋税　②2,300円＋税

図書文化

※本体には別途消費税がかかります